Gabriele Gugetzer | Björn Horstmann

Die Feuerwehr kocht mit

FEUER UND FLAMME

Ein Koch- und Reportagebuch

UMSCHAU

Inhalt

Liebe Leserinnen und Leser,
liebe Feuerwehrfrauen und -männer,

Kochen mit und für andere bringt Spaß! Und jeder weiß: Richtig gut schmeckt es nur in der Gemeinschaft. Essen und Trinken hält Leib und Seele zusammen, in den meisten Familien spielt sich das wahre Leben rund um den Küchentisch ab.

Auch auf der Wache ist das nicht anders. Gemeinsam wird darüber nachgedacht, was eingekauft und gekocht werden soll, es wird sich Zeit genommen, die Zutaten vorzubereiten und daraus ein schmackhaftes Essen zu zaubern. Jeder möchte dabei gerne selbst mitmachen. Die Geschichten und Erlebnisse rund um den Herd sind legendär. Wer hat nicht schon einmal die Suppe versalzen, etwas anbrennen lassen oder die Emotionen statt der Kartoffeln hochkochen lassen? Mancher Einsatz wird so, ganz nebenbei, verdaut.

Traditionell ist das gemeinsame Kochen und Essen ein Highlight des Tages. Es fördert die gute Gemeinschaft, das Miteinander in den Wachabteilungen, in den Freiwilligen Feuerwehren, im Dienst und in der Freizeit. Wer möchte nicht dabei sein, wenn en passant auch die Gerüchteküche kocht? Ob in Köln, Karlsruhe oder Hamburg, das Leben in den Küchen der Feuerwehrhäuser habe ich immer als Kristallisationspunkt für ein lebendiges Miteinander kennengelernt.

Persönlich koche ich leidenschaftlich gern. Kochen kostet keine Zeit, ganz im Gegenteil schenkt es mir Zeit, mich dabei zu unterhalten oder über das ein oder andere nachzudenken. Und was gibt es nach getaner Küchenarbeit schöneres, als ein dickes Lob der Gäste zu bekommen, wenn ein Menü in jeder Hinsicht gut gelungen ist?

Freuen Sie sich auf viele Tipps und Anregungen für abwechslungsreiche Gerichte. Das Buch erzählt Ihnen auch Geschichten vom Leben an der Wache. Ich wünsche Ihnen gute Unterhaltung bei der Lektüre und viele schöne Stunden beim gemeinsamen Kochen im Freundes- und Kollegenkreis.

Guten Appetit!
Ihr Klaus Maurer, Oberbranddirektor Feuerwehr Hamburg

Der beste Job der Welt:
Helfen macht glücklich

Feuer- und Rettungswache Hamburg-Barmbek. Es ist kurz nach 6 Uhr an einem stahlgrauen Morgen. Typisches Schietwetter soll's geben, doch noch fällt gemütliches Licht auf einen Tisch, an dem in Kürze 25 Feuerwehrleute frühstücken werden.

Einer der schon Eingetrudelten bindet seine langen Haare zum Mozartzopf, während sein kahl rasiertes Ei kopfschüttelnd die BILD-Zeitung liest. „Ei" ist Feuerwehrslang für Kumpel. So wie „explodiertes Huhn" Hühnerfrikassee ist und „Feuerwehrmarmelade" Mett mit Zwiebeln. Feuerwehralltag ist alles außer alltäglich.

„Feuerengel" hieß eine Fernsehserie, die in Hamburg gedreht wurde. Der Titel beschrieb weniger die Gemütslage von Feuerwehrleuten: Sie sind keineswegs Engel. Der Titel wollte die beiden Berufe ausdrücken, die jeder Berufsfeuerwehrmann in der Hansestadt und den meisten Bundesländern ausübt: Er ist Feuerwehrmann und er ist Rettungsassistent. Dieselben Männer also, die Sie insgeheim bestaunen, wenn sie in 28 Sekunden an der Drehleiter hoch in den 7. Stock

und mitten ins Feuer klettern, dieselben Männer kommen zwei Tage später zu Ihnen nach Hause, wenn Sie aufgrund einer vermuteten Herzschwäche den Notruf alarmiert haben. Dann tragen sie nicht mehr Dunkelblau, sondern Blütenweiß, sorgen für Ihre medizinische Erstversorgung, kriegen kugelrunde Augen, wenn sie mitfühlen, und fahren Sie in 5 bis 8 Minuten in die nächste Notaufnahme.

Wie das zusammengeht, erfahren Sie in diesem Buch. Was solche Männer essen und warum das Ihnen daheim – auch als Frau – richtig schmecken wird, das ebenso.

Essen hat unter Feuerwehrleuten den Stellenwert, den es für viele von uns verloren hat. Berufsfeuerwehrleute kochen jeden Tag füreinander.

Zusammen essen heißt Zusammensein. Heißt Nähe, ein elementares Bedürfnis jedes Menschen, erst recht, wenn man mehr Zeit mit der Wachabteilung als mit der Familie verbringt und eine schlechte Performance im Job eine Katastrophe nach sich ziehen kann.

Aus Neigung und Notwendigkeit sind Feuerwehrleute Teamplayer. Sie wollen an ihre Leistungsgrenzen und erwarten von sich und den anderen das Beste. Auf jedes gemeinsame Essen freuen sie sich. Gemeinsames Essen stärkt Nerven, Muskeln und die Verbundenheit. Vielleicht ist deshalb das Frühstück Sache der ganzen Wachabteilung. Dann stehen sich die Feuerwehrleute beim Schnippeln auf den Füßen und entwickeln beim Anrichten beträchtlichen optischen Ehrgeiz. Beim Mittagessen und an Wochenendabenden ist im Dreiwochenturnus einer Küchenchef. Der Rest hilft Kartoffeln schälen, Zwiebeln in Ringe schneiden, Pilze putzen, Saucen abschmecken.

Und was essen solche Fabelwesen? Sie träumen von Fleischbergen und Desserts im XXL-Format, wollen aber bei Fitnessprüfungen nicht unangenehm auffallen. Also gibt's Gemüse bereits zum Frühstück, gekocht wird immer frisch, mal exotisch, mal traditionell, gerne scharf. Bezahlbar soll es sein, denn die Stadt schießt nichts dazu. Lecker und clever eben. Und gesund im besten Sinne, trotz latenter Abhängigkeit von Eiscreme.

Dass die Küche hinterher so tadellos aussieht wie die Löschzüge, ist Ehrensache. Ehrensache ist auch die Rummäkelei am Essen, selbst wenn es ein Könner wie der Koch dieses Buchs zubereitet hat. Oberbrandmeister Björn Horstmann hat mehrere Jahre Kocherfahrung im Fernsehen und kochte bereits mit Tim Raue. Er meistert den Spagat, fein wie im Restaurant und dennoch unaufwendig und preiswert zu kochen. Kann der auch löschen? Klar. Rettung? Das ist seine Leidenschaft. Drehleiter, Katze, Baum? Zähneknirschend – gerettete Tiere beißen, das weiß jeder Feuerwehrmann und hat reichlich Tetanus-Schutz.

Noch 33 Minuten bis zum Antritt um 7 Uhr. Die Kollegen „lösen" ihre Pendants aus der Nachtschicht. Feuerwehrleute freuen sich auf ihren Job mit einer Intensität, die wohl nicht nur heutzutage selten ist. Wie viel Freude Helfen macht, erleben sie täglich. Die moderne Hirnforschung hat bewiesen, dass Helfen in unserem Gehirn Glückshormone ausschüttet. Selbst nach einer 24-Stunden-Schicht, verbunden mit unfreiwilligen Einblicken in die Abgründe des menschlichen Seins und zermürbenden Einsätzen. Und trotzdem würde kein Feuerwehrmann seinen Job gegen einen anderen eintauschen. Helfen macht glücklich, finden sie. Dass es sexy macht, wissen sie natürlich auch.

Das Prinzip Feuerwehr:
Zwischen Brandschutz und Rettung

In fast allen Bundesländern ist die Berufsfeuerwehr in zwei Berufsfeldern aktiv, die auf den ersten Blick kaum vereinbar scheinen, im Brandschutz und im Rettungsdienst.

Im Brandschutz, auf dem Löschzug oder der Drehleiter, genannt die „Königin", ist ein definitives Gespür für Gefahr erforderlich, um in eine brennende Fabrikhalle zu marschieren und wegen der Rauchentwicklung trotz Leuchtstreifen am Schutzanzug für die Kollegen unsichtbar zu werden, ebenso eine gewisse Grobmotorik, um einen Pkw mit Muskelkraft von der Kreuzung auf den Seitenstreifen zu schleppen, natürlich auch eine ausgeprägte Bereitschaft, sich richtig nass und dreckig zu machen.

Im Rettungsdienst sind ganz andere Fähigkeiten erforderlich, um beispielsweise nachts um drei einen suizidgefährdeten Betrunkenen von den Bahngleisen zu fischen, eine alte Lady mit Lungenödem behutsam in den Rettungswagen zu tragen oder ein Frühchen wiederzubeleben.

Tatsächlich assoziieren die meisten Bürger die Berufsfeuerwehr mit dem Bereich, in dem sie die wenigsten Einsätze fährt: der klassischen Brandbekämpfung. Dass zwei weitere wichtige Bereiche, die Technische Hilfe und die Notfallseelsorge, ebenfalls in ihren Zuständigkeitsbereich fallen, ist nach außen häufig noch schwerer zu kommunizieren. Schade, finden Feuerwehrleute. Denn die enorme Bandbreite ihres Berufs, der als einziges einendes Element ein großes Verantwortungsgefühl voraussetzt, ist für sie das Reizvollste. So sehr sie Feuer fasziniert und so sehr es ihnen auf die Nerven geht, wenn sie monatelang nichts löschen konnten: Müssten sie jeden Tag ausschließlich mit den Löschzügen ausfahren, würde ihnen das ganz schnell langweilig werden.

Großstädte leisten sich überdies hochspezialisierte Teams als Teil ihrer Berufsfeuerwehr. Der seit Ende des Zweiten Weltkriegs in Hamburg aktive Kampfmittelräumdienst setzt sich größtenteils aus ehemaligen Minentauchern der Marine zusammen. Die Technik- und Umweltschutzwache wird bei Strahlengefährdung, Kampfstoffen, Emissionsüberwachungen und Großveranstaltungen wie Public Viewings eingesetzt. Auch sie beschäftigt neben Feuerwehrleuten noch Spezialisten wie Chemiker oder Physiker. Zudem hat die Berufsfeuerwehr eigene Höhenretter und Taucher und ist für die Schiffssicherung zuständig.

Von der ersten Berufsfeuerwehr, gegründet 1851 in Berlin, bis zum hochtechnisierten Dienstleister der heutigen Zeit, der auch für internationale Eingriffe geschult ist, war es ein langer Weg. Im Dritten Reich war die Berufsfeuerwehr eine der ersten Institutionen, die gleichgeschaltet wurden. Sie hieß nun Feuerschutzpolizei und hatte größere Befugnisse. Als die Alliierten nach dem Krieg die Bundesrepublik neu ordneten, wurde dieser Schritt sehr schnell rückgängig gemacht und Berufsfeuerwehr und Polizei nicht nur namentlich wieder getrennt.

Die Feuerwehren sind seitdem nach angelsächsischem Vorbild für den Katastrophenschutz und nicht für die Bewachung der Bevölkerung zuständig. So erklären sich auch die riesigen Küchen der Berufsfeuerwehren. Hier zahlt nicht etwa der Steuerzahler das Hobby von Feuerwehrleuten, die sich in der Küche verwirklichen wollen. Im Katastrophenfall kann die Bevölkerung aus diesen Küchen, die in der Ausstattung den Großkantinen in nichts nachstehen, mit Mahlzeiten versorgt werden.

Gerade weil sich das Berufsbild des einstigen „Löschknechts" so verändert und diversifiziert hat, erscheint vielen der Beruf attraktiv. Jeder 60. Deutsche hat bereits direkt oder indirekt mit der Feuerwehr zu tun, beispielsweise in der Jugendfeuerwehr, in den Freiwilligen Feuerwehren, die in Städten und Gemeinden mit bis zu 100 000 Einwohnern tätig sind, und natürlich in den 102 Berufsfeuerwehren des Bundesgebiets.

Einsatzort Barmbek:
Zwischen Kleinbürgertum, Künstlern und Prekariat

280 000 Menschen leben im Revier, dem Einzugsgebiet der Feuer- und Rettungswache Barmbek. Das ist viel in einer Großstadt, in der 22 Berufsfeuerwehren 1,75 Mio. Bürger betreuen. Tatsächlich ist in dieser Wache so viel los, wie in sonst kaum einer in ganz Europa.

Barmbek: Vor dem Krieg war das ein klassisches Arbeiterviertel. 1933 erreichten SPD und KPD bei der letzten freien Reichstagswahl hier noch 50 Prozent der Stimmen. Auch aufgrund seiner Industriebetriebe war dieser Stadtteil zehn Jahre später ein Hauptziel der alliierten Operation Gomorrha, bei der wohl 34 000 Hamburger ihr Leben verloren.

Schon vor dem Krieg war jedoch eine Industrieabwanderung zu beobachten, die sich nach Ende des Kriegs endgültig vollzog. Zurück blieben einige gut erhaltene Arbeiterhöfe und der enorm atmosphärische Baustil des Backsteinexpressionismus. Fritz Schumacher, Erbauer des Chile-Hauses und anderer Hamburgensien, setzte ihn seit den 1920er-Jahren um, das Hamburger Straßenbild bis heute prägend.

Barmbek heute: Getränkemärkte, Discounter, Kioske und Billigläden prägen die Optik des Stadtteils. Es gibt einige Theater, Cafés und Kinos. Hier leben Kleinbürger und Künstler, Prekariat, angehende und aktuelle Chefredakteure, außerdem ausländische Mitbürger. Nicht jeder integriert sich nahtlos in die Gesellschaft.

Wer mit dem HLF2, dem Fahrzeug für den Tagesdienst, unterwegs ist, lernt oft diejenigen unter ihnen kennen, die ohne fremde Hilfe nicht lebensfähig sind. Alkoholiker. Messies. Menschen, die Arbeitslosigkeit als Lebensmodell von ihren Eltern, manchmal schon Großeltern vorgelebt bekamen. Psychisch kranke, aber nicht gemeingefährliche Menschen. Wie verdreckt Wohnungen sein können, wenn Mutter und Sohn sie gemeinsam bewohnen, jedoch nur über den

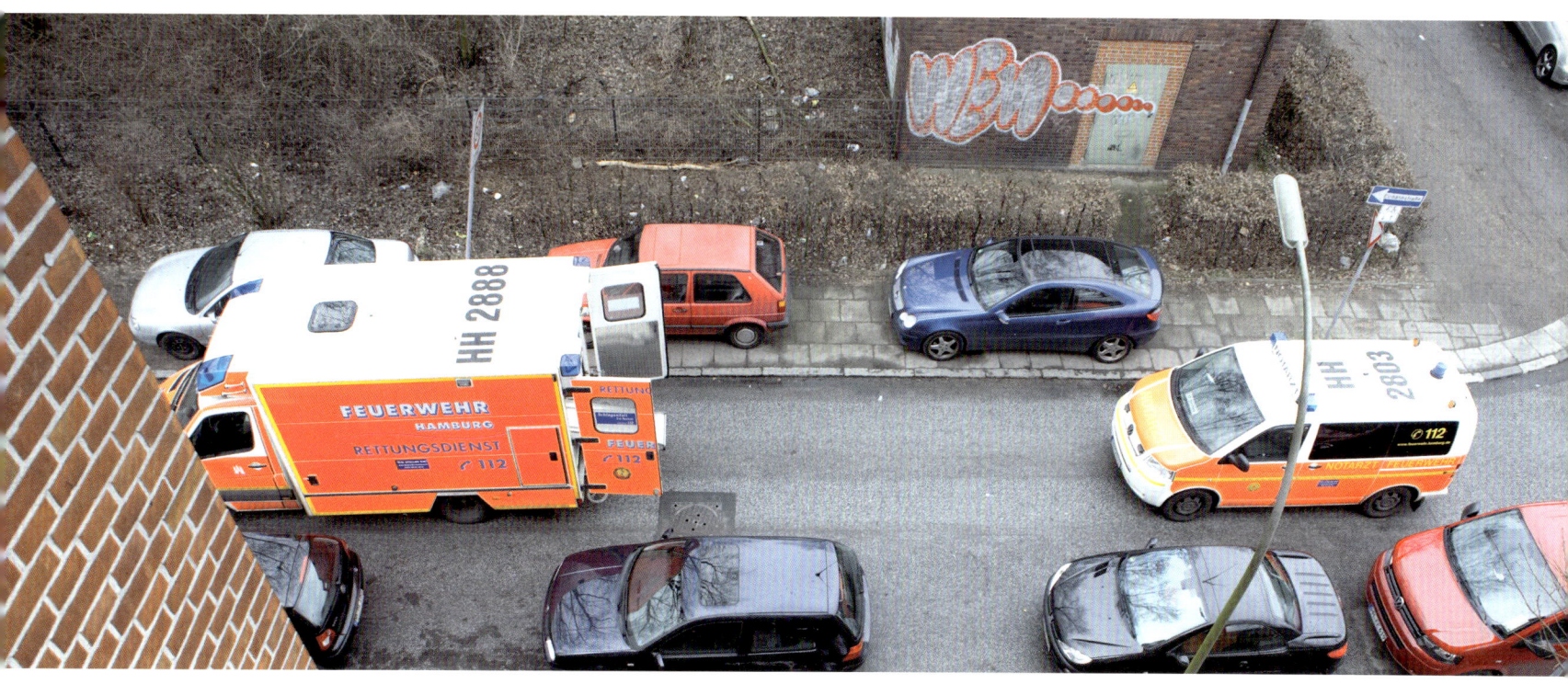

Notruf miteinander kommunizieren, welche potenzielle Gefahr Alkoholiker mit Neigung zu übervollen Aschenbechern für die Gemeinschaft darstellen, und dass es Menschen gibt, die die Badewanne mit der Toilette verwechseln, sind Erfahrungen, die Feuerwehrleute tagtäglich machen.

Wenn der Verdacht einer Gewalttat hinter geschlossenen Türen besteht oder eine Vermisstenanzeige von Freunden oder Nachbarn eingegangen ist, die einen Bewohner länger nicht gesehen haben, rücken Feuerwehr und Polizei gemeinsam aus. Feuerwehrleute kriegen jede Wohnungstür auf, auch dafür werden sie ausgebildet. Für das, was sich manchmal dahinter verbirgt, nicht. Einige Jahre Einsatzerfahrung reichen, um instinktiv zu wissen, ob hinter der Tür eine Leiche liegt oder nicht. Bei solchen Einsätzen riechen Feuerwehrleute immer wieder durch den Briefschlitz oder an der Tür. Warum? Verwesungsgeruch lässt sich mit keinem anderen Geruch verwechseln.

Viele Feuerwehrleute leben nicht hier und stammen nicht von hier. Die Verbundenheit zu ihrem Kiez, die für Rapper beispielsweise so wichtig ist, weicht bei ihnen einer starken Identifikation mit ihrem Job. Die gefühlsmäßige Distanz zu ihrem Revier hat den Vorteil, dass es einfacher ist, den Job im Job zu lassen.

BiSS: Gewollt sind nur die Besten

Kurz vor 8 Uhr morgens. Es nieselt mal wieder. Im Feuerwehrinformationszentrum der Feuerwehr Hamburg haben sich wie an jedem Donnerstag Bewerber auf einen der begehrten Plätze in der Feuerwehr versammelt. Sie sind jung, motiviert – und männlich.

Wer um 8.01 Uhr eintrudelt, darf übrigens gleich wieder gehen. Dass Feuerwehrleute die Uhr lesen können, ist eine Grundvoraussetzung. Natürlich müssen sie auch schwindelfrei sein. Die Deutschkenntnisse sollten stimmen, Rechnen, Physik und ein generelles Verständnis für die Logik des Technischen sind weitere Grundvoraussetzungen.

Was die Prüfer in jeder Woche erneut überrascht, ist die Anzahl von Bewerbern, die schon diese Basics nicht schaffen. Spätestens um kurz vor 9 Uhr haben sie ihre erste Auswahl getroffen. Die Anwärter, die aufgeregt vor der Tür warten und noch nicht mal rauchen dürfen, werden hineingerufen, wenn sie es nicht geschafft haben. Dann führen die Prüfer, früher selbst alle im aktiven Dienst tätig, ein auf den Einzelnen individuell zugeschnittenes Gespräch, erklären die Schwachstel-

len, geben bei Bedarf einen Motivationsschub, sind aber auch nicht zu höflich. Wessen Leistungen nicht mindestens im mittleren Drittel liegt, kann sich keine Hoffnungen darauf machen, zum zweiten Mal zur Aufnahmeprüfung zugelassen zu werden.

Was die Prüfer von den Anwärtern erwarten, ist kein Geheimnis. Auf den Homepages vieler Wachen (z. B. www.hamburg.de/einstellung-und-ausbildung), in dort eingestellten Filmen und in Interviews mit Prüfern und Probanden, wird das Anforderungsspektrum sehr klar dargestellt. Doch die meisten Bewerber scheitern bereits am Diktat und den Rechenaufgaben. Ob sie psychisch belastbar und physisch topfit sind, wurde zu diesem Zeitpunkt noch gar nicht geprüft. Wer die nächsten Tests zu Stadtplan, Physik und Logik schafft, wird zu einem intensiven, persönlichen Gespräch geladen, das durchaus 60 Minuten dauern kann. Die Prüfer möchten herausfinden, ob die Probanden wissen, was sie in ihrem zukünftigen Job erwartet. Ob sie teamfähig sind. Ob sie sich auch mal unterordnen können oder alternativ Führungsqualitäten entwickeln. Ob sie sich ehrenamtlich engagieren. Auch nicht unerheblich: Was sagt die Familie zur Berufswahl? Unterstützt die Freundin diesen Wunsch? Arbeitet sie vielleicht selbst in einem helfenden Umfeld? Falsche Antworten gibt es bei diesem Gespräch nicht, jedoch durchaus eine neu gewonnene Selbsterkenntnis, dass man die Inhalte des Jobs falsch eingeschätzt hat oder weniger gruppenaffin ist als man dachte.

Was wird erwartet?

1. eine abgeschlossene Ausbildung in einem handwerklich-technischen oder medizinisch-pflegerischen Bereich, dazu gehört auch die Rettungsassistenten-Ausbildung
2. ein Höchstalter von 30 Jahren
3. ein Führerschein Klasse B
4. das Deutsche Schwimmabzeichen Silber
5. körperliche Fitness

In den letzten Jahren geht die Berufsfeuerwehr gezielt zwei Bewerbergruppen an, die bislang in der Feuerwehr unterrepräsentiert sind: Bewerber mit Migrationshintergrund und Frauen. Gerade bei diesen Gruppen fehlen die geeigneten Bewerber jedoch am deutlichsten, was die Kollegen des Personal-Auswahl-Zentrums wirklich frustriert. Sie sehen durchaus auch das Bildungssystem in der Pflicht, für eine größere Zahl an adäquaten Bewerbern zu sorgen. Im Jahr 2009 bewarben sich fast 2 000 Interessenten für einen Job bei der Berufsfeuerwehr Hamburg. 90 wurden genommen, obwohl man auch mehr Bewerber untergebracht hätte. Aber da schon die Ausbildung nicht gerade billig ist, werden Neueinstellungen genau überlegt. Um die 50 000 Euro kostet die Feuerwehr der mehrjährige Ausbildungsplatz, der ein Mix aus Erfahrungen vor Ort in einer Feuerwache und Unterricht in der Feuerwehrakademie (www.feuerwehrakademie.de) ist.

Es lebe der Sport …

Das muss geschafft werden:

1. 4 000-Meter-Lauf in unter 20 Minuten
2. Ziehen mit einer 40 kg schweren Hantel
3. Fünfersprung
4. Hindernisparcours

Der Sporttest basiert auf dem Deutschen Sportabzeichen – ist also nichts, was nicht zu schaffen ist. Monatelanges, vorbereitendes Training vorausgesetzt. Wer zweimal in der Woche Fußball spielt, mit dem Mountainbike fährt, gerne mal joggt und fünf Klimmzüge schafft, ist beispielsweise suboptimal für die Leistungen vorbereitet, die hier gefordert werden, denn zwischen den einzelnen Disziplinen gibt es kaum Ruhepausen. Man muss gewöhnt sein, sich die körperliche und mentale Stärke einzuteilen. Wer den Ausdauerlauf prima schafft, hat vielleicht für den Hindernisparcours, der ebenfalls in einem bestimmten Zeitrahmen absolviert werden muss, keine Kraft mehr. Denn was die Prüfer sehen wollen, immer, ist Biss. Ohne den lässt sich später auch ein Feuerwehralltag nicht stemmen.

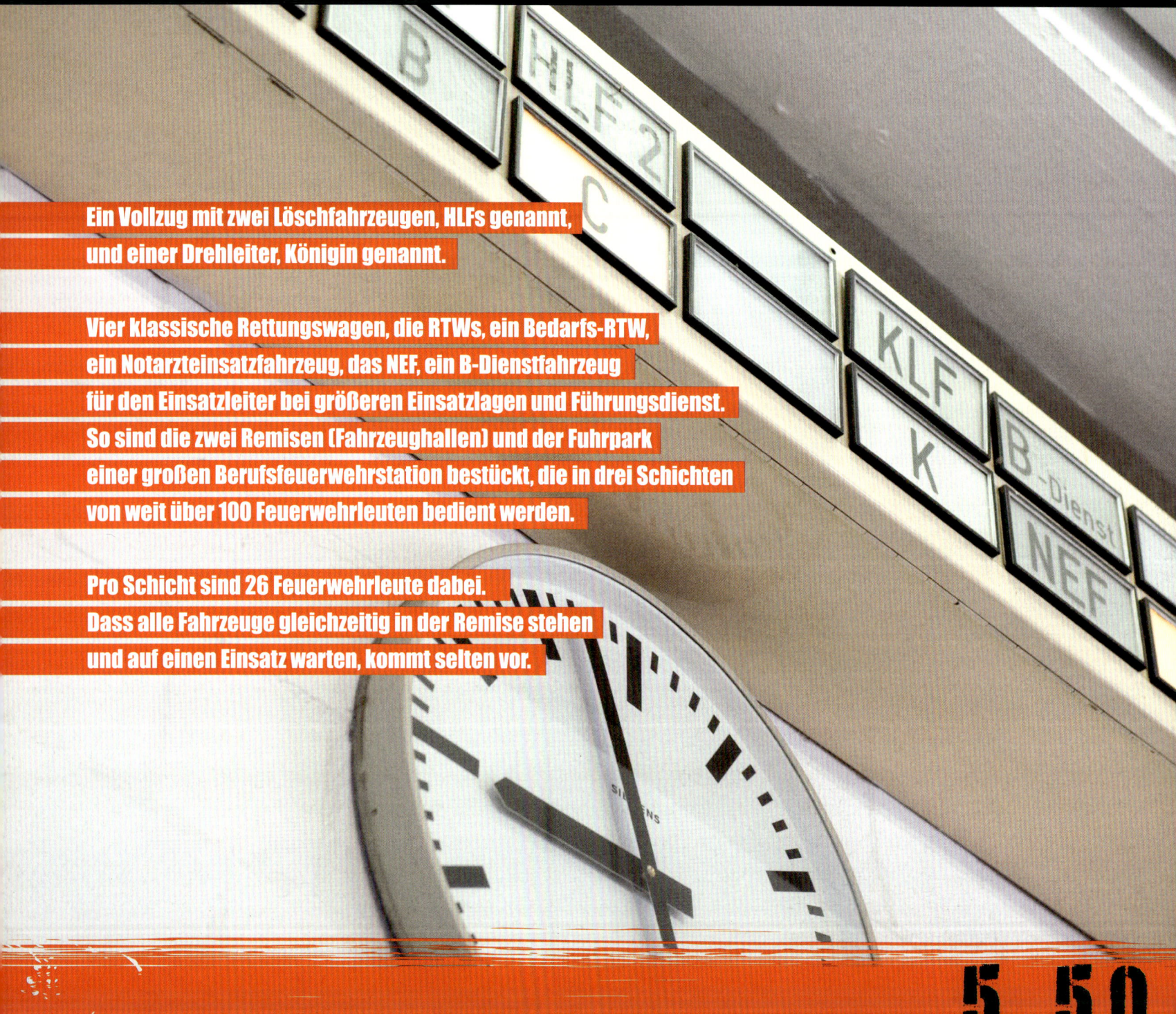

24 HOURS: Alltag – spannender als jede Fernsehserie

Ein Vollzug mit zwei Löschfahrzeugen, HLFs genannt, und einer Drehleiter, Königin genannt.

Vier klassische Rettungswagen, die RTWs, ein Bedarfs-RTW, ein Notarzteinsatzfahrzeug, das NEF, ein B-Dienstfahrzeug für den Einsatzleiter bei größeren Einsatzlagen und Führungsdienst. So sind die zwei Remisen (Fahrzeughallen) und der Fuhrpark einer großen Berufsfeuerwehrstation bestückt, die in drei Schichten von weit über 100 Feuerwehrleuten bedient werden.

Pro Schicht sind 26 Feuerwehrleute dabei. Dass alle Fahrzeuge gleichzeitig in der Remise stehen und auf einen Einsatz warten, kommt selten vor.

5.50

5.50 Uhr

Die ersten der bis zu 26 Feuerwehrleute trudeln ein. Innerhalb der nächsten Stunde wird „gelöst": Jeder aus der neuen Schicht sucht auf der großen Einsatztafel nach dem Kollegen, dessen Platz er übernimmt und sucht ihn. Häufig sitzt man noch im Essraum zusammen und bespricht die Ereignisse der vergangenen Nacht. Außerdem wird der erste frische Kaffee des Tages gebrüht. Feuerwehrleute vertragen viel, aber keinen abgestandenen Kaffee.

6.15 Uhr

Netter Weckruf für alle Feuerwehrleute der Spätschicht.

7.00 Uhr

Antritt. Der Wachhabende hat die Verantwortung für die Wachabteilung. Er verkündet die Einteilung auf die Fahrzeuge. Einer aus der Mannschaft hat Tagesdienst und macht Anordnungen – Joggen im Stadtpark, Arbeiten mit der Haspel, Großkampftag in der Küche.

7.10 Uhr

Die Fahrzeuge werden übernommen. Natürlich ist die vorangegangene Schicht in der Pflicht, alles zu ersetzen, was während der Nachtschicht auf den RTWs benutzt wurde,

oder einen Fehler am HLF-Betriebssystem zu melden. Doch jede Schicht muss Verantwortung für ihr Einsatzfahrzeug übernehmen und überprüft selbst Geräte und Fahrzeug. Bei den Löschzügen steigen die kompletten Mannschaften auf ihre Fahrzeuge, die Remisentore öffnen sich, die HLFs fahren ein paar Meter, dann steigen alle wieder aus. Jetzt sind sie eins geworden mit ihrem Fahrzeug, jetzt kann der erste Einsatz kommen. Überprüft wird alles, vom Schlauch bis zum Wasserstand.

7.30 Uhr

Frühstück. Heilige Zeit. Wenn jetzt ein Einsatz kommt, wird der ausnahmsweise mit Gemaule quittiert. Die Brötchen sind bereits geliefert. Jeder hilft mit. Tisch decken, Feuerwehrmarmelade zubereiten, Paprika und Gurken schnippeln. Auf dem Tisch stehen Fleischsalat, frische Krabben, Käse, Wurst, Räucherfisch, Meerrettich, Obst, Nutella ... Kosten pro Brötchen: 1 Euro. Freche Sprüche: umsonst.

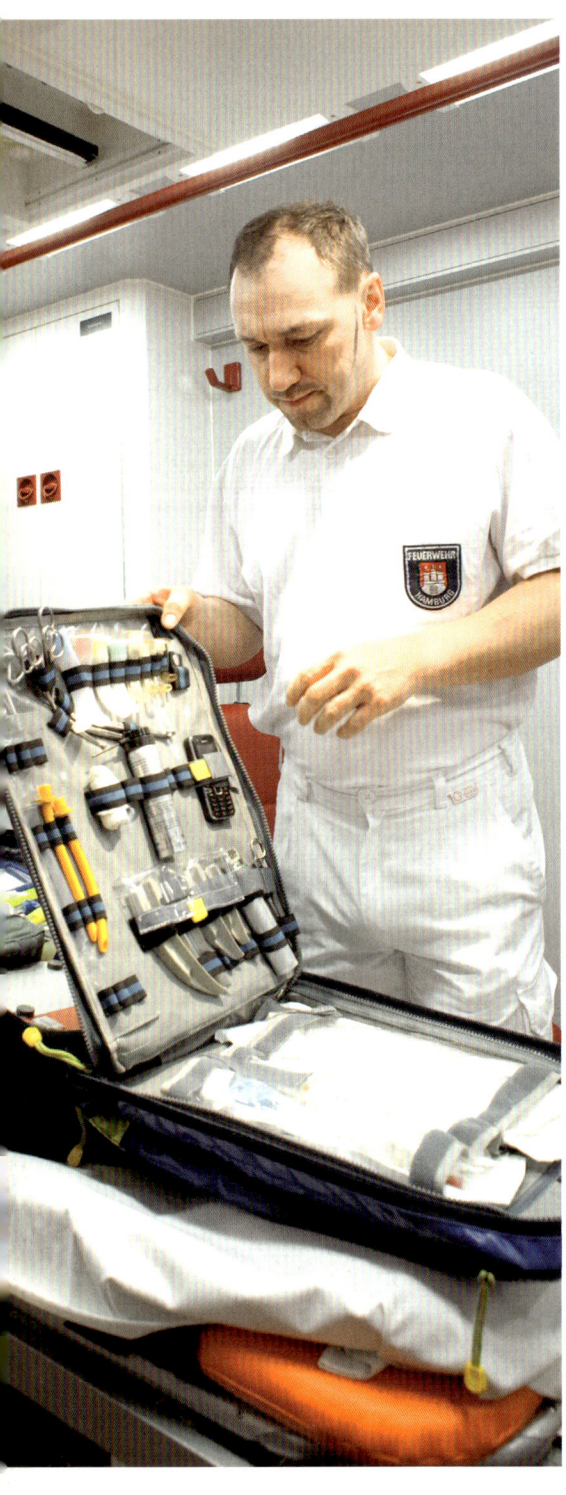

8.00 Uhr

Aufräumen. Der Koch macht sich startklar. Der Tagesdienstleiter überstellt ihm einige Kollegen, die beim Schälen, Putzen und Schnippeln helfen.

8.04 Uhr

RTW-Einsatz. HiLoPe vor Polizeistation. Angerufen haben die Polizisten, Pols oder Udels genannt. Die hilflose Person will sich aber nicht helfen lassen. Sie ist offensichtlich verhaltensgestört, jedoch keine Gefahr für sich und andere. Der RTW fährt unverrichteter Dinge.

8.38 Uhr

RTW-Einsatz. Ein älterer Mann in seiner Wohnung, die mit vielen Waffen ausgestattet ist. Er selbst ist zu übergewichtig und unbeweglich, um gefährlich zu sein, allein und herzkrank. Der Hausarzt, bei dem er sich gerade untersuchen ließ, hat ihn wieder nach Hause geschickt, damit er Sachen für das Krankenhaus packt. Theoretisch eine gute Idee, doch nachdem die RTW-Besatzung Blutdruck und Herzschlag gemessen hat, reagiert sie mit fassungslosem Kopfschütteln. Der Mann kommt sofort auf einen Stuhl, der Treppen ohne Erschütterung herunterfahren kann. Liegt 3 Minuten später auf dem RTW. Ist knapp 8 Minuten später in der Notaufnahme und wird sofort behandelt. Fazit: Das hätte brutal ins Auge gehen können. Die RTW-Besatzung füllt die notwendigen Papiere aus und gönnt sich nebenbei ein frisches Krankenhaus-Käffchen.

9.03 Uhr

HLF-Einsatz. In einer Hochhaus-Wohnanlage ist ein Fahrstuhl stecken geblieben. Manche Hauseigentümer kalkulieren einen Einsatz gegen die Kosten, die sie mit der fachgerechten Reparatur hätten, und ziehen den Einsatz vor. Fünf Feuerwehrleute brauchen viel Muskelkraft, jede Menge selbst gebasteltes Werkzeug und mehr als 10 Minuten, dann ist die junge türkische Familie befreit. Vor dem Einsatz hatte sich der Fahrzeugführer mit einem lauten Klopfen am Lift bemerkbar gemacht: „Sie brauchen keine Angst mehr zu haben. Die Feuerwehr ist jetzt da." Daraufhin verstummte drinnen Jammern und Heulen. Als die Familie endlich befreit ist, werden die Feuerwehrleute von den Kindern ausgiebig bestaunt und bekommen von der Mutter Erfrischungsgetränke angeboten, die sie gerne annehmen. Nicht jeder Gerettete ist so dankbar.

9.22 Uhr

Wechsel eines Rettungsassistenten der Feuerwehr auf das NEF: Einige Feuerwehrleute sind für diesen Spezialdienst ausgebildet. Das Notarzteinsatzfahrzeug steht am nächsten großen Krankenhaus. Die Notärzte sind Internisten oder Anästhesisten. Der Job ist anstrengend, aber beliebt.

9.58 Uhr

RTW-Einsatz mit NEF. In der engen Wohnküche sitzt eine ältere Frau. Als das Team kommt, ist sie benommen, plötzlich ist sie nicht mehr ansprechbar. Es wird intubiert. Vermutung: Anaphylaktischer Schock nach Wespenstich. Der Mann steht im Wohnzimmer und scheint abwesend. Hat auch er einen Schock ob der Gefährdung seiner Frau? Er will noch nicht mal wissen, wohin sie gebracht wird. Die Frau wird im RTW in die nächste Notaufnahme gefahren; die Notärztin wechselt dazu auf den RTW.

Kleine Feuer finden Feuerwehrleute eher langweilig.

In der Küche auf Sparflamme zu kochen sehen sie allerdings als Herausforderung.
So nach dem Motto: 100 Prozent Leistung bei Minibudget. Denn das Essen zahlen sie selbst.

Zubereitung und Abschmecken sind dann umso kreativer.

SPARFLAMME

Gut und günstig

Rezepte für 4 Personen

Warmer Bauernbrotsalat

1 Bauernbrot (ca. 500 g)
1 Knoblauchzehe
2 rote Zwiebeln
1 Rosmarinzweig
1 EL schwarze Oliven
3–4 EL Olivenöl
8 Scheiben Bacon
250 g Rucola
150 g Parmesan
Saft und Zesten von 1 Bio-Zitrone
Salz und frisch gemahlener schwarzer Pfeffer

Backofen auf 200 °C vorheizen. Brot in dünne Scheiben schneiden, die Scheiben vierteln. Den Knoblauch und die Zwiebeln schälen, den Knoblauch fein würfeln und die Zwiebeln in feine Ringe schneiden. Den Rosmarin waschen, trocken schütteln, die Nadeln vom Stängel zupfen und klein schneiden. Die Oliven ebenfalls in feine Scheiben schneiden.

Ein Backblech mit Backpapier auslegen und das Olivenöl darauf verteilen. Brotviertel hineinlegen, Knoblauch, Zwiebeln, Oliven und Rosmarin darüberstreuen und 15 Minuten backen. Dann den Bacon auf das Brotgemisch legen und backen, bis er knusprig ist.

Währenddessen den Rucola putzen und trocken schleudern und den Parmesan fein hobeln. Den noch warmen Salat auf Tellern verteilen, Rucola dazugeben, mit Parmesan bestreuen und mit Zitronensaft beträufeln. Die Zesten beigeben und mit Salz und Pfeffer abschmecken.

Salat mit Spinat und Himbeerzwiebeln

Avocadosalat

800 g frischer Spinat

4 EL Pinienkerne

6 rote Zwiebeln

2 EL Olivenöl

2 EL Zucker

200 ml Rotwein

6 EL Himbeeressig

Salz und frisch gemahlener
schwarzer Pfeffer

Dressing:

½ Knoblauchzehe

6 EL Aceto Balsamico

4 EL Olivenöl

1 TL Kastanienhonig

Salz und frisch gemahlener
schwarzer Pfeffer

2 reife Hass-Avocados

½ Knoblauchzehe

2 EL Crème fraîche

1 Prise Ras el Hanout

1 rote Zwiebel

2 Tomaten

2 Radieschen

1 EL Olivenöl

1 EL Limettenöl

1 EL Limettensaft

1 TL Dijonsenf

1 Bund frischer Koriander
zum Dekorieren

Salz und frisch
gemahlener Pfeffer

Den Spinat waschen und trocknen, die Pinienkerne in einer beschichteten Pfanne anrösten, die Zwiebeln schälen und in Ringe schneiden. Das Olivenöl in einer Pfanne erhitzen und die Zwiebeln darin glasig anschwitzen. Den Zucker zugeben und karamellisieren. Mit Rotwein ablöschen und ein wenig reduzieren. Himbeeressig zugeben und abermals reduzieren, bis eine leicht sämige Konsistenz erreicht ist. Mit Salz und Pfeffer würzen.

Den Knoblauch für das Dressing schälen und fein hacken, mit den übrigen Zutaten fein pürieren und mit Salz und Pfeffer abschmecken. Den Spinat in einer Schüssel mit dem Dressing vermengen. Auf vier Teller geben und mit der Zwiebelmischung umlegen. Die gerösteten Pinienkerne über dem Salat verteilen.

Die Avocados schälen und würfeln, den Knoblauch ebenfalls schälen und fein hacken. Eine der Avocados beiseitelegen, die andere zusammen mit Crème fraîche, Ras el Hanout und Knoblauch fein pürieren. Mit der beiseitegelegten Avocado in eine Schüssel geben und vorsichtig vermengen. Die Zwiebel schälen, halbieren und in feine Ringe schneiden, Tomaten und Radieschen waschen und fein würfeln. Alles unter die Avocadomasse heben. Öle, Limettensaft und Senf zu einer Vinaigrette verrühren, untermischen und mit Salz und Pfeffer abschmecken. Koriander waschen, trocken schütteln, klein schneiden und zum Schluss über den Salat streuen.

🔥 Björns Tipp:

Die Avocadosorte „Hass" hat einen hohen Fettanteil. Im Handel werden oft unreife Früchte angeboten. Die Schale ist dann grün und fest und die Frucht selbst lässt sich noch besonders gut in Scheiben schneiden und im Salat verwenden. Je reifer die Avocado ist, desto dunkler wird sie. Reife Hass-Avocados eignen sich gut für Dips wie Guacamole.

Linsensuppe

28

Zwiebelsuppe

Linsensuppe

2 Karotten
1 Lauchstange
½ kleiner Knollensellerie
4 Schalotten
80 g Speck
5 EL Olivenöl
2 EL Zucker
250 g Pardina-Linsen
700 ml Geflügelfond

500 ml Kalbsfond
1 Bund frischer Thymian
3 TL Senf
4 EL Tomatenmark
15 EL Aceto Balsamico
2 EL Schnittlauch
3 EL glatte Petersilie
Salz und frisch gemahlener schwarzer Pfeffer

Karotten, Lauch, Sellerie und Schalotten schälen und fein würfeln. Den Speck ebenfalls fein würfeln und alles in einem Topf in Olivenöl anschwitzen. Mit dem Zucker bestreuen und karamellisieren lassen. Die Linsen zugeben, kurz anbraten, dann die beiden Fonds zugießen und auf etwa ein Drittel einkochen lassen. Thymian, Senf, Tomatenmark und Essig einrühren und für 30 Minuten köcheln lassen. Schnittlauch und Petersilie waschen, trocken schütteln und klein schneiden. Mit Salz und Pfeffer abschmecken und mit den Kräutern bestreuen.

 Björns Tipp:

Pardina-Linsen sind im Supermarkt erhältlich. Sie müssen nicht eingeweicht werden und haben eine Garzeit von nur 30 Minuten. Diese Sorte eignet sich besonders gut für „schnelle" Suppenvarianten. Ein Schuss Walnussöl gibt dem Gericht eine fein nussige Note, die die Säure des Acetos wunderbar abrundet. Wer möchte, kann die Linsensuppe noch mit getrockneten Cranberrys, Sahne und Curry weiter verfeinern.

Bohnensuppe

2 Schalotten
500 g Kartoffeln
1 kg grüne Bohnen
1 EL Olivenöl
500 g Rauchfleisch
1 l Rinderfond
500 ml Gemüsebrühe

1 Lorbeerblatt
3 Majoranzweige
3 Bohnenkrautzweige
1 Prise Muskat
Salz und frisch gemahlener Pfeffer

Die Schalotten und die Kartoffeln schälen und würfeln, die Bohnen putzen und in gleich große Stücke schneiden. Das Öl in einem Topf erhitzen, die Schalotten darin bei mittlerer Hitze glasig andünsten, das Fleisch zugeben und kurz anbraten. Bohnen und Kartoffeln hinzufügen und mit dem Fond und der Brühe aufgießen. Lorbeerblatt, Majoran- und Bohnenkrautzweige dazugeben. Alles zum Kochen bringen und bei mittlerer Hitze 45 Minuten sanft köcheln lassen. Die Gewürze entfernen und das Fleisch dünn aufschneiden. Mit Salz und Pfeffer sowie Muskat abschmecken.

 Björns Tipp:

Für Rauchfleisch verwendet man meist den Hinterschinken vom Schwein, der durch Wacholderbeeren verfeinert wird. Probieren Sie unbedingt auch mal geräuchertes Fleisch aus der Hinterkeule vom Rotwild und Lamm. Beide sind charakteristisch im Geschmack und passen beispielsweise sehr gut zu frischem Salat und Kartoffelsuppe.

Zwiebelsuppe

800 g Zwiebeln

2 Knoblauchzehen

2 EL Butter

1 EL Zucker

750 ml Weißwein

750 ml Gemüsebrühe

3 Lorbeerblätter

2 Pimentkörner

3 Nelken

1 Bund glatte Petersilie

6 EL geriebenen Parmesan

Salz und frisch gemahlener schwarzer Pfeffer

Die Zwiebeln schälen, halbieren und in feine Streifen schneiden, den Knoblauch ebenfalls schälen und fein hacken. Die Butter in einem Topf zerlassen und die Zwiebelringe und den Knoblauch darin glasig anschwitzen. Zucker beigeben, die Zwiebelringe goldbraun rösten, mit Weißwein ablöschen und bei starker Hitze auf die Hälfte reduzieren. Gemüsebrühe zugießen und die Hitze reduzieren, sodass die Suppe nur noch leise köchelt. Lorbeer, Piment und Nelken in einen Teefilter geben und in die Suppe legen. Mit Salz und Pfeffer würzen und mit geschlossenem Deckel 20 Minuten köcheln lassen. Währenddessen die Petersilie waschen, trocken schütteln und klein schneiden, den Parmesan reiben. Den Teefilter dann aus der Suppe entfernen, nochmals abschmecken, glatte Petersilie und geriebenen Parmesan zufügen und den Käse etwas schmelzen lassen. Heiß servieren.

 **Björns Tipp:**

Wer kein Gewürz- oder Teesieb zur Hand hat, greift einfach auf einen handelsüblichen Tee- oder Kaffeefilter zurück. Kräuter und Gewürze darin einschlagen und mitkochen. Danach einfach im Ganzen entfernen.

Paprikaragout mit Ananaschutney

Chutney:
½ Ananas
2 Schalotten
1 rote Chilischote
2 EL Speiseöl
1–2 TL Zucker
1–2 TL Madras-Curry
100 ml Ananassaft
2 EL Limettensaft
100 ml Weißwein
2 EL Weißweinessig

Ragout:
4 rote Spitzpaprika
1 EL Speiseöl
4 Thymianzweige
Salz und frisch gemahlener schwarzer Pfeffer

Ananas und Schalotten schälen und fein würfeln. Die Chili ebenfalls fein würfeln. Eine Pfanne mit dem Öl erhitzen, die Schalottenwürfel darin glasig andünsten, mit Zucker und Curry bestäuben, dann die Chili- und Ananaswürfel zugeben. Kurz andünsten, Ananas- und Limettensaft, Weißwein und Weißweinessig angießen und 10 Minuten köcheln lassen.

Für das Ragout die Paprika waschen, trocken tupfen, entkernen und in feine Würfel schneiden. Das Öl in einer Pfanne erhitzen, den Thymian zugeben und die Paprika darin weich dünsten. Mit Salz und Pfeffer abschmecken.

 **Björns Tipp:**

Servieren Sie dazu Basmatireis, um bei einem rein vegetarischen Gericht zu bleiben, oder gemischte Blattsalate mit oder ohne Ziegenkäse, Hähnchenbrust, Zander, Seelachs oder Jakobsmuscheln.

Brokkoligratin

Lauch-Schinken-Gratin

Kartoffelgratin

500 g festkochende Kartoffeln

1 Knoblauchzehe

250 ml Sahne

100 ml Milch

50 g Butter zzgl. Butter
zum Einfetten

1 Prise Muskatnuss

150 g Emmentaler

Salz und frisch gemahlener
schwarzer Pfeffer

Den Backofen auf 200 °C vorheizen. Die Kartoffeln schälen und in feine Scheiben schneiden, den Knoblauch andrücken. Eine Auflaufform buttern und mit der Knoblauchzehe ausreiben. Die Kartoffelscheiben überlappend einlegen. Sahne, Milch und Butter in einem Topf erhitzen und mit Salz und Pfeffer sowie frisch geriebener Muskatnuss abschmecken. Die Mischung über die Kartoffeln geben. Den Käse reiben, darüber verteilen und im vorgeheizten Ofen auf der mittleren Schiene für 30–40 Minuten backen.

Björns Tipp:

Für Kartoffelgratin sollte man festkochende Kartoffeln benutzen, denn sie zerfallen beim Kochen nicht. Je nach Sorte sind festkochende Kartoffeln mit „f" oder der EU-Klassifizierung „A" oder „A-B" gekennzeichnet. Festkochende Kartoffelsorten sind beispielsweise Sieglinde, Nicola und Cilena.

Brokkoligratin

800 g Brokkoli

2 EL Butter zzgl. Butter
zum Einfetten

20 g Mehl

250 ml Milch

2 EL fein geriebener Parmesan

2 EL Mandelblätter

Salz und frisch gemahlener
schwarzer Pfeffer

Den Backofen auf 250 °C vorheizen. Den Brokkoli putzen, in Röschen teilen, in heißem Salzwasser blanchieren und anschließend abschrecken. In eine gebutterte Auflaufform geben. Butter in einem Topf zerlassen, das Mehl darin anschwitzen, salzen und pfeffern und mit der Milch ablöschen. Den fein geriebenen Parmesan unterrühren und 2–3 Minuten köcheln lassen. Zwischenzeitlich die Mandelblätter in einer unbeschichteten Pfanne anrösten, unter die Sauce rühren und nochmals abschmecken. Über den Brokkoli gießen und im vorgeheizten Ofen bei Oberhitze auf der oberen Schiene gratinieren.

Björns Tipp:

Zu gebratener oder gegrillter Hähnchenbrust, Rinderrouladen, Gulasch oder Fischgerichten servieren.

Lauch-Schinken-Gratin

8 Lauchstangen

40 g Butter zzgl. Butter zum Einfetten

40 g Mehl

150 ml Gemüsebrühe

200 ml Milch

100 ml Sahne

Saft von 1 Zitrone

Muskatnuss

8 Scheiben Schinken

1 Zwiebel

100 g Emmentaler

Salz und frisch gemahlener schwarzer Pfeffer

Den Backofen auf 200 °C vorheizen. Die Lauchstangen gründlich waschen, halbieren, in Salzwasser blanchieren, gut abtropfen lassen und beiseitestellen. Butter in einer Pfanne zerlassen, das Mehl zugeben und unter Rühren anschwitzen. Gemüsebrühe, Milch und Sahne angießen und einmal aufkochen. Bei geringer Hitze 5 Minuten köcheln lassen, den Zitronensaft unterrühren und mit Salz, Pfeffer und Muskat abschmecken. Die Hälfte der Sauce in einer gebutterten Auflaufform verteilen, die Lauchstangen nebeneinander hineinlegen. Schinken und Zwiebel fein würfeln und über dem Lauch verteilen. Mit der restlichen Sauce übergießen und mit frisch geriebenem Emmentaler bestreuen. Das Lauch-Schinken-Gratin im Ofen etwa 30 Minuten backen.

Getrüffeltes Kartoffelgratin

600 g Kartoffeln

2 Knoblauchzehen

Butter zum Einfetten

250 ml Sahne

2 EL Trüffelöl

1 Prise Muskat

50 g Raclettekäse

Salz und frisch gemahlener schwarzer Pfeffer

Den Backofen auf 200 °C vorheizen, die Kartoffeln schälen und in dünne Scheiben schneiden, den Knoblauch ebenfalls schälen und leicht andrücken. Eine Auflaufform buttern, mit Knoblauch ausreiben und die Kartoffeln überlappend einlegen. Die Sahne mit dem Trüffelöl mischen und mit Salz, Pfeffer und Muskat kräftig abschmecken. Über die rohen Kartoffelscheiben gießen, den geriebenen Raclettekäse darüber verteilen und im vorgeheizten Ofen für 30 Minuten backen.

 **Björns Tipp:**

Die Sahnemischung bewusst leicht überwürzen, da die Kartoffeln eine Menge der Würze aufsaugen.

Grünkohl mit Pinkel

1,2 kg Grünkohl
600 g Kassler
150 g durchwachsener geräucherter Speck
4 Kochwürste
5 Pinkel (optional)
2 Zwiebeln
50 g Schweineschmalz
2 EL ganze schwarze Pfefferkörner
2 EL Zucker
40 g Senf
2 Lorbeerblätter
8 Pimentkörner

Den Strunk des Grünkohls entfernen, die Grünkohlblätter waschen, die dicken Blattrippen und Stiele entfernen. In Salzwasser blanchieren, in Eiswasser abschrecken, klein hacken und beiseitestellen.

Kassler in einem Topf in 500 Millilitern leicht gesalzenem Wasser für 60 Minuten bei geschlossenem Deckel dünsten. Nach 30 Minuten den geräucherten Speck, die Kochwürste und die Pinkel zugeben. Die Zwiebeln schälen, fein würfeln und in einem anderen Topf in Schweineschmalz glasig andünsten. Grünkohl, Pfefferkörner, Zucker, Senf, Lorbeerblätter und Pimentkörner zugeben und mit etwas Fleischbrühe vom Kassler auffüllen, bis der Grünkohl bedeckt ist. Den Grünkohl nun für mindestens 2, besser 3 Stunden köcheln lassen.

Eine Pinkel aufschneiden und unter den fertigen Grünkohl mischen. Den Kassler in Scheiben schneiden und mit dem geräucherten Speck aus dem Garsud, den Kochwürsten und den übrigen Pinkeln auf den Grünkohl legen. Grünkohl noch weitere 10 Minuten köcheln lassen.

Björns Tipp:

Wenn Sie Pinkel bei Ihrem Fleischer bekommen, unbedingt einkaufen. Es rundet den Geschmack vollends ab und ist ein Muss im Norden. Pinkeln bestehen aus Nierenfett, grünem Speck, Flomen, gehackter Zwiebel und der gleichen Menge Grütze sowie Salz, Pfeffer, Nelken und Piment.

Kartoffelpüree mit Röstzwiebeln

Kartoffelpüree:

500 g mehligkochende Kartoffeln

250 ml Sahne

300 g Butter

**1 Prise frisch
geriebene Muskatnuss**

**Salz und frisch gemahlener
schwarzer Pfeffer**

Röstzwiebeln:

2 Zwiebeln

4 EL Mehl zum Bestäuben

250 ml Speiseöl zum Frittieren

Die Kartoffeln schälen und grob würfeln. In ausreichend Salzwasser garen, ausdämpfen lassen und durch eine Kartoffelpresse drücken. Alternativ kann man die Kartoffeln auch mit einem Kartoffelstampfer grob zerdrücken. Die Sahne sowie die Butter in Flocken mit einem Schneebesen unterrühren. Mit Salz, Pfeffer und geriebener Muskatnuss abschmecken.

Die Zwiebeln schälen und in feine Ringe schneiden. Alle Ringe durch das Mehl ziehen und überschüssiges Mehl abklopfen. Das Öl in einer Pfanne erhitzen und die Ringe darin frittieren. Anschließend auf Küchenpapier abtropfen lassen. Das Kartoffelpüree mit den Röstzwiebeln bestreut servieren.

Kartoffelpüree mit Sellerie

200 g mehligkochende Kartoffeln

1 Sellerieknolle

500 ml Gemüsebrühe

250 g Crème double

1 Prise frisch geriebene Muskatnuss

Salz und frisch gemahlener schwarzer Pfeffer

Die Kartoffeln und den Sellerie schälen und grob würfeln. In der Gemüsebrühe weich kochen, dann abgießen, die Brühe dabei auffangen. Crème double einrühren und mit einem Stabmixer pürieren. Mit der Brühe mischen, bis das Püree cremig ist und mit Muskat, Salz und Pfeffer abschmecken.

 **Björns Tipp:**

Weniger kalorienhaltig wird es, wenn man die Crème double durch Sahne oder Milch ersetzt. Ein Spritzer Zitronensaft rundet das Püree geschmacklich ab.

Süßkartoffelpüree

200 g mehligkochende Kartoffeln

300 g Süßkartoffeln

500 ml Hühnerbrühe

250 g Crème fraîche

2 EL Nam Plan (Fischsauce)

2 EL Sojasauce

1 EL Sesamöl

1 EL Wasabi

1 EL Shichimi Togarashi (japanische Gewürzmischung)

Salz und frisch gemahlener schwarzer Pfeffer

Die Kartoffeln und die Süßkartoffeln schälen und grob würfeln. In der Hühnerbrühe weich kochen, dann abgießen, die Brühe dabei auffangen. Crème fraîche einrühren und mit einem Stabmixer pürieren. Mit der Brühe mischen, bis das Püree cremig ist. Fischsauce, Sojasauce, Sesamöl und Wasabi unterrühren und mit Salz und Pfeffer abschmecken. Zum Schluss die japanische Gewürzmischung fein über das Püree streuen.

 Björns Tipp:

Das Süßkartoffelpüree passt hervorragend zu Rehrücken mit Rosenkohl, Rinderfilet mit Pfefferkirschen, aber auch zu Jakobsmuscheln mit Kaiserschoten oder Thunfischsteak mit Sternanissauce.

An alle Tagesdienste

Im Rahmen der Hygiene im Küchenbereich, muss die wöchen Küchenreinigung vom Tagesdienst ab sofort dokumentiert w

Die Temperaturkontrolle der Gemeinschaftskühlschränke wi jeder ersten Küchenreinigung im Monat mit durchgeführ

Die Desinfektion der Gemeinschaftskühlschränke wird bei j ersten Küchenreinigung im Quartal durchgeführt.

Material: DEWA

Dokumentation der wöchentlichen Küchenreinig

	Reinigung von	Desinfektion von	Temperaturkontrolle der Kühl

Hackbraten mit Schafskäse-Spinat-Zitronen-Füllung

6 Zwiebeln

1 Knoblauchzehe

3 Sardellenfilets

3 EL glatte Petersilie

800 g Hackfleisch halb und halb

2 Eier

2 EL Speiseöl

150 g Spinat

300 g Schafskäse

Zesten von 1 Bio-Zitrone

200 ml Kalbsfond

Speisestärke zum Binden

Salz und frisch gemahlener schwarzer Pfeffer

Den Backofen auf 200 °C vorheizen. Zwiebeln und Knoblauch schälen und fein würfeln. Die Sardellenfilets abspülen und fein hacken, die Petersilie waschen, trocken schütteln und ebenfalls fein hacken. In einer großen Schüssel das Hackfleisch mit Zwiebeln und Knoblauch vermengen, dann Eier, Sardellen und Petersilie untermischen. Mit Salz und Pfeffer abschmecken, alles kräftig durchkneten und zu einem länglichen Leib formen. Durch das kräftige Kneten erhält der Braten seine Festigkeit. Den Braten rundherum mit dem Öl einpinseln und auf ein Backblech legen.

Für die Füllung den Spinat waschen, trocken schütteln und fein hacken, den Schafskäse fein würfeln. Mit den Zitronenzesten in einer Schüssel vermengen und mit Salz und Pfeffer abschmecken. Mit der Handkante eine Mulde in die Mitte des Bratens drücken, die Füllung hineingeben und mit der Hackmasse verschließen. Im vorgeheizten Ofen auf der mittleren Schiene für 45 Minuten garen. Zwischendurch immer wieder mit Kalbsfond begießen. Den Bratensaft zum Schluss durch ein Sieb passieren, abschmecken und gegebenenfalls mit etwas Speisestärke binden. Zu dem Hackbraten servieren.

 **Björns Tipp:**

Man kann den Braten auch in einen Speckmantel hüllen, denn so bleibt er besonders saftig. Das empfiehlt sich vor allem bei sehr magerem Hackfleisch.

Bananenküchlein

2 Bananen

400 g Mehl

Saft von 1 Limette

1 Prise Muskat

3 EL brauner Zucker

1 Prise Zimt

50 ml Speiseöl

Salz

Die Bananen schälen, grob zerkleinern, in eine Schüssel geben und das Mehl darübersieben. Mit Wasser mischen, bis ein glatter, dünner Teig entsteht und mit Limettensaft, Muskat, Zucker, Zimt und Salz abschmecken. In einer Pfanne das Öl erhitzen und darin dünne Küchlein ausbacken.

 **Björns Tipp:**

Ich kombiniere diese Beilage beispielsweise mit Hähnchenspießen in Jerk-Marinade und Minzschaum oder einem Steak vom Grill mit Barbecuesauce.

Zuckerschoten mit Meerrettich

Kartoffeln in Salzkruste

500 g Zuckerschoten
50 g Butter
1 Prise Zucker

2 cm frischer Meerrettich
Salz und frisch gemahlener
schwarzer Pfeffer

16 große Kartoffeln
5 kg Meersalz

Die Schoten putzen und in einem Topf mit kochendem Wasser blanchieren. Abgießen und in Eiswasser herunterkühlen. Butter in einer Pfanne leicht bräunen und mit Salz und Pfeffer sowie einer Prise Zucker würzen. Die Schoten zugeben und darin schwenken. Zum Schluss den frischen Meerrettich schälen und mit einer feinen Reibe über die fertigen Schoten reiben.

Den Backofen auf 200 °C vorheizen. Die Kartoffeln gründlich säubern und trocknen. 2 Kilogramm des Meersalzes auf einem Backblech verteilen, die Kartoffeln hineingeben und leicht in das Salz drücken. Das restliche Salz mit 8 Esslöffeln kaltem Wasser mischen, über die Kartoffeln geben, andrücken und die Ränder verschließen. 2 Stunden auf mittlerer Schiene backen, danach den Ofen ausschalten und die Kartoffeln weitere 30 Minuten gar ziehen lassen.

 **Björns Tipp:**

Kombinieren Sie für ein vollwertiges Gericht die Zuckerschoten mit Hähnchenbrust, Basmatireis und Estragonsauce oder auch mit Lachs und Risotto.

 **Björns Tipp:**

Die Kartoffeln in Salzkruste passen zu Gegrilltem ebenso gut wie zu spanischen oder italienischen Gerichten.

10.44 Uhr

RTW-Einsatz mit NEF. Wieder ein Wespenstich. Einsatzort diesmal: ein Nagelstudio. Eine blonde, deutsche Mutter von sechs Kindern wollte ihren Freund verarzten und ihm das Insektengift durch leidenschaftliche Zungenküsse entziehen. Die RTW-Besatzung verlässt kurzzeitig das Studio, um auf der Straße die Contenance wiederzufinden und die Nagelstudiodame nicht auszulachen. Die leicht geschwollene Zunge ihres Freundes, so der Notarzt, sei nur auf Leidenschaft und nicht auf eine allergische Reaktion zurückzuführen. Der Mann will das nicht glauben und besteht auf ein Notarztfahrzeug, der Arzt verweigert dies, es kommt zu einem verbalen Schlagabtausch. Die Rettungsassistenten gucken sich die Nagellackfarben an und sind übereinstimmend heilfroh, dass bei ihnen zu Hause Klarlack getragen wird. Dann expedieren sie den noch immer sachlich argumentierenden Notarzt ins Fahrzeug. Auch im Wagen wird noch über Nagellackfarben diskutiert. Der Notarzt präferiert edles Rot.

10.58 Uhr

HLF-Einsatz. Wasserrohrbruch im Parterre. Die Bewohner sind nicht zu Hause. Das Wasser fließt relativ gemächlich aus der Wohnung in den Keller. Dennoch möchten sich die Feuerwehrleute in der Wohnung einen

Überblick verschaffen, denn hier besteht Kurzschlussgefahr; das wiederum kann ein Riesenproblem werden. Kleine Fenster stehen offen, jedoch sind sie mit schwarzer Folie abgedeckt. Jemand hört komische Geräusche von innen. Es wird auf einen Generator getippt. Wasser und Strom: Das klingt nicht gut. Die Pols werden gerufen, damit die Wohnung aufgebrochen werden kann. Aber hier wohnt niemand. Hier wurde eine professionelle Hanfplantage angelegt. Die Pols erfahren, dass diese Wohnung seit Wochen observiert wird. Wäre kein Wasserrohr geplatzt, hätte sich mit der Ernte Millionen verdienen lassen. Bingo!

11.02 Uhr

HLF-Einsatz. Alte Frau hinter der Tür. Die Nachbarn machen sich Sorgen. Sie ist nicht mehr ansprechbar, sie möchten die Tür aufgebrochen sehen. Die Tür wird aufgebrochen, der RTW wird alarmiert. Jetzt zahlt sich aus, dass jeder auf dem HLF auch Rettungsassistent ist und nun einfach nur den Schalter umlegen muss. Sie beruhigen die alte Frau und sorgen für ihre korrekte Lage. Sie ist transportfähig und wird im Tragetuch fünf Stockwerke hinuntergetragen, auf den RTW gebracht und sofort in die nächste Notaufnahme gefahren.

11.03 Uhr

RTW-Einsatz. Arztpraxis. Eine alte Frau, 91, versorgte sich immer noch selbst. Jetzt ist sie bei einer Routineuntersuchung in der Praxis ihres Hausarztes zusammengebrochen. Die Praxis sieht schäbig aus, der Hausarzt macht wenig Anstalten zu helfen. Die Frau kommt auf den Tragestuhl. Der Weg zur nächsten Notaufnahme führt durch schmalste Straßen. Maßarbeit. Mehrfach droht der Außenspiegel abgefahren zu werden. Der Maschinist des RTWs flucht atmenberaubend. Hier geht es um Minuten.

11.22 Uhr

B-Dienst. Bei der Behebung von Straßenschäden auf einer belebten Vorort-Kreuzung hat sich der Straßenbelag um fast einen halben Meter gehoben. Der Grund: falsche Berechnungen der Statiker. Der Sachschaden: beträchtlich. Die Gefahr: eine explodierende Gasleitung. Der B-Dienst ist Ende 50 und hat schon alles gesehen. Seine Ruhe, Gelassenheit und Freundlichkeit beruhigt die Anwohner und den Baggerfahrer, der sich in Grund und Boden schämt, obwohl ihn nun überhaupt keine Schuld trifft. Es regnet hartnäckig und blöd, wie im schottischen Hochland. Nach mehreren Stunden Herumstehen, Einschätzen, Beruhigen, Abwarten, Telefonieren, Koordinieren, Nerven behalten und

Entwarnung sind alle Beteiligten durchnässt wie junge Hunde. Nachdem der Einsatzleiter tropfend ins Fahrzeug zurückkehrt, vertilgt er zwei Tafeln Schokolade und sagt kein Wort mehr. Der Einsatz hat fast 4 Stunden gedauert.

11.38 Uhr

HLF-Einsatz. Ölspur auf Kanal wird gemeldet. Der zum Einsatz ausgerückte Fahrzeugführer ist jung, kommt frisch von der Akademie und will nichts falsch machen. Ein leichter Film auf dem Wasser lässt sich ausmachen. Er möchte das Boot aussetzen, um Proben zu nehmen, lässt jedoch vorher zwei erfahrene Kollegen noch die andere Uferseite sichern. Fazit: Speiseöl. Niemand mokiert sich über die Überreaktion. Die Befehlskette ist intakt, überdies hätte jeder andere Feuerwehrmann, dem es an Erfahrung fehlt, das Gleiche getan. Die Bevölkerung schützen, Menschenleben retten, egal wie. Darum geht es.

12.00 Uhr

Mittagessen. Wer nicht im Einsatz ist, greift sich einen Teller und türmt ihn voll. Dass Feuerwehrleute toll kochen, beweist dieses Buch.

12.02 Uhr

Stille. So mucksmäuschenstill wie jetzt ist die Station selten. Jeder isst, langsam, genießerisch. Keiner schmatzt. Niemand redet. Ein Nicken in Richtung Koch ist die höchste Anerkennung. Nur ein völliger Verriss, sprachlich gewandt, vor allen Kollegen, zeugt von noch mehr Respekt.

12.12 Uhr

Jede Station hat ihr eigenes Raucherzimmer. Feuerwehrleute rauchen überhaupt nicht oder wie kaputte Öfen. Zwischentöne sind in diesem Umfeld unbekannt und wahrscheinlich auch schwer durchzuhalten. Jetzt wird geraucht. Und wie.

12.22 Uhr

Jeder hat seinen eigenen Teller abgespült und in die Geschirrspülmaschine gestellt. Die Tische werden vom Tagesposten gesäubert. In der Küche geht das große Schrubben los.

12.30 Uhr

Nun beginnt die offizielle Ruhezeit, natürlich nur, wenn kein Einsatz kommt. Küche und Essraum sind blitzblank und aufgeräumt. Im Wärmeofen steht für jeden Kollegen, der im Einsatz ist, ein liebevoll angerichtetes Mittagessen, mit Sößchen in separaten Schüsseln. Reste sind auf Teller oder Schüsseln verteilt. Bis zum frühen Abend sind sie geleert. Feuerwehrleute haben einen unglaublichen Appetit.

13.15 Uhr

RTW-Einsatz. In einer nahe gelegenen Haltestelle der öffentlichen Verkehrsmittel hat sich jemand am Knöchel verletzt. Die Angaben sind unpräzise; die RTW-Besatzung sucht erst auf der S-Bahn-Station alle Aufgänge ab, fährt dann mit dem RTW einige Meter weiter und versucht an der U-Bahn ihr Glück. Kein Verletzter zu sehen. Plötzlich wird eine junge Frau entdeckt, die ein Baby auf dem Arm hält und weint. Naja, wenn man schon mal hier ist ... Doch es stellt sich heraus, dass der Notruf falsch abgesetzt wurde. Tatsächlich geht es um dieses Baby, das von einem sprintenden Passanten unabsichtlich aus dem Kinderwagen geworfen wurde. Es macht einen fidelen Eindruck. Die Mutter kommt mit in den RTW. Ein paar Feuerwehrsprüche, und sie lächelt tapfer, die Tränen versiegen. Auch das Baby lächelt. Einige Minuten später schlummert es seelig. Der Rettungsassistent wird still. Er überprüft erneut die Reflexe des Babys, dann lässt er im Flüsterton einen Notarzt nachfordern. Mitten auf einer der großen Ausfallstraßen dieser Riesenstadt treffen sich

NEF und RTW, der Notarzt kommt an Bord, das Baby wird mit Verdacht auf Schädel-Hirn-Trauma in die Kinderklinik gefahren, die Mutter steht plötzlich wieder kurz vor dem Zusammenbruch. Natürlich weiß der Fahrer, dass der Zufahrtsweg zum Krankenhaus über Kopfsteinpflaster führt. Jetzt könnte das tödlich sein. Natürlich kennt er Schleichwege. 7 Minuten später warten Kinderarzt, Zimmer und Helfer schon auf das Wesen. Die Mutter hat sich im Griff, Gott weiß, wie sie das geschafft hat. Die RTW-Besatzung spendiert sich ein Eis. Über diesen Einsatz wird nie wieder geredet. Babys und Kinder sind die Achillesferse.

13.22 Uhr

Ein RTW-Kollege hatte in der kurz zurückliegenden Nachtschicht bereits zwei Einsätze mit Kleinkindern, die nicht gut ausgingen. Jetzt kommt er vom dritten Notruf für ein Kleinkind. Die Art, wie er Kollegen anschaut, lässt ahnen, wie auch dieser ausgegangen ist. Wortlos geht er in das Telegrafenzimmer, wo jeder Einsatz nach seiner Abwicklung im Computer abgehakt wird, erledigt das und zieht sich umgehend in sein Zimmer zurück.

Hierarchien: Feuerwehrleute wollen und müssen geführt werden

Wer längere Zeit – bei manchen Menschen wie dieser Autorin reichte dazu eine knappe Stunde – in einer Feuerwache verbracht hat, wird irgendwann ein Gefühl spüren, das den meisten Menschen in seiner Absolutheit unbekannt ist: Sicherheit.

Auf den ersten Blick ist das vielleicht nicht weiter verwunderlich. Was soll denn noch schiefgehen in einem Umfeld, in dem Papageien aus Bäumen, Behinderte aus brennenden Wohnungen und Krieg führende Eheleute vor sich selbst gerettet werden?

Doch das ist ja draußen. Das Gefühl von Sicherheit spürt man in der Feuerwehrstation. Die direkte Ansprache von Themen, Problemen, Kollegen ist der bevorzugte Umgangston. Ein lösungsorientierter Ansatz wird gesucht. Subtext hingegen sucht man vergebens. Jeder weiß, was der Kollege von ihm denkt und wo sein Platz ist. Jedenfalls dann, wenn eine Feuerwache im Großen und eine Wachabteilung im Kleinen gut geführt sind. Wie das fachlich fundiert passieren soll, damit beschäftigt sich die Berufsfeuerwehr zunehmend, seitdem der Genera-

tionswechsel auch hier einen Sichtwechsel einleitete. Das Thema Menschenführung taucht verstärkt in der Fachliteratur auf, beispielsweise in der Feuerwehr-Ausbildungsliteratur „Rote Hefte" und im Lehrplan der Feuerwehrakademien, die neben der Grundausbildung für den mittleren Dienst auch den Führungsnachwuchs des gehobenen Diensts ausbilden. Stichworte wie „Die vier Seiten einer Nachricht", „Eigenwahrnehmung", „Sozialkompetenz", „Selbstkundgabe", die in den Führungsetagen der privaten Wirtschaft zum normalen Vokabular gehören, werden zunehmend in das Tagesgeschäft der Feuerwehr integriert.

Denn: Allein mit Druck oder Disziplin kann man in diesem Berufsfeld nicht mehr punkten. Feuerwehrleute lassen sich nur bedingt einschüchtern. Doch sie lassen sich beeindrucken. Sie möchten ihre Vorgesetzten als Respektspersonen sehen, denn immerhin sind sie es ja, die ihnen Einsatzbefehle erteilen, von denen im schlimmsten Fall ihr Überleben abhängt. Doch wehe, dieser Respekt ist nicht da. Wer in einer brandgefährlichen Situation seinem Vorgesetzten nicht zutraut, die richtige Entscheidung zu treffen, wird dessen Anweisungen zwar nie (!) an Ort und Stelle hinterfragen, jedoch in der Nachbesprechung. Häufen sich solche Ereignisse, reicht schlimmstenfalls schon das Gefühl aus, nicht richtig geführt zu werden, um die Stimmung kippen zu lassen. Wer als Vorgesetzter nicht führt, gilt nicht etwa als beeindruckend basisdemokratisch, sondern als gefährlicher Zauderer.

Die Feuerwehr als Behörde und der einzelne Feuerwehrmann stehen heute so offen da wie noch nie zuvor. Die Entwicklung geht hin zu einer Zertifizierung von erbrachten Leistungen. Konfliktgespräche zeigen dem Einzelnen schon jetzt, wo seine Schwächen sind. Über jeden Einsatz muss ein Bericht verfasst werden.

Ohne den Rückhalt der Gruppe klappt das alles nicht. Die Gruppenbildung selbst funktioniert dann besonders gut, wenn – auch das unter neuen Stichworten des „Forming", „Storming", „Norming" und „Performing" – das neue oder bessere Kennenlernen, die Austragung von Konflikten, das Festzurren von Regeln innerhalb der Gruppe und die daraus resultierende produktive Arbeit in einem äußeren Rahmen der Sicherheit vor sich gehen. Und den definieren Feuerwehrleute nun mal als ein Gerüst aus Führung, Vertrauen und Respekt.

Steht dieses Gerüst windschief, können Feuerwehrleute überraschend anstrengend sein, und das Gefühl der Sicherheit innerhalb der Gruppe schwindet rasch.

Feuerwehrleute wollen und müssen geführt werden, auch wenn sie diese Erkenntnis immer wieder selbst überrascht.

Gruppendynamik:
Zwischen Ei und Eimern

Was haben der „Ramontiker" und „Susanne" gemeinsam? Beides sind Spitznamen in der Art, wie sie sich Feuerwehrleute geben, um die potenziell nervigen Macken der anderen zu tolerieren.

Der Ramontiker? Der ist auf den ersten Blick wenig gefühlvoll, sprich: romantisch. Susanne? Der trägt Einsatzstiefel, die klackern wie Pfennigabsätze. Sich über die Niggeligkeiten des Alltags hinwegsetzen zu können, ist eine Lebenskunst. Wirklich wichtig wird sie, wenn man so viel Zeit miteinander verbringt wie Feuerwehrleute, die sich je nach Baujahr ihrer Station sogar die Ruheräume zu viert oder mehr teilen. Natürlich wollen sie das so. Keiner geht zur Feuerwehr, weil er da Privatsphäre findet, sondern weil er gerne in der Gruppe ist. Feuerwehrleute wissen, wie sie ihre Gruppe zu einem emotional engen Verband machen. Interessanterweise sind aber wirklich enge Freundschaften unter Feuerwehrleuten selten. Wenn es aber doch soweit kommt, dann hat man ein Ei, also einen besten Freund. Genauso erzählt man das auch, stolz und ungefragt, und Außenstehende

dürfen sich ruhig ein bisschen an Winnetou und Old Shatterhand erinnert fühlen.

Wie beliebt eine Station ist, wie begehrt eine Versetzung dorthin, hat neben der Aufgabenvielfalt und dem Fuhrpark viel mit dem guten Gruppengefühl zu tun. Es wird auf vielerlei Arten erzeugt und könnte gruppendynamische Spielgestalter inspirieren. Der einfachste Trick von allen: Jeder gibt jedem bei Wachantritt die Hand. Immer. Wer einen Kollegen vergisst, hat den ganzen Tag schlechte Karten. In diesem testosterongeprägten Umfeld ist es dann nur auf den ersten Blick erstaunlich, wie intensiv der körperliche Kontakt ausfällt. Nicht unähnlich dem Rudelverhalten aus dem Tierreich nimmt sich eine Wachabteilung ständig gegenseitig körperlich wahr. Meist geschieht das unbewusst, das Zwicken, das Knuffen, das im Vorbeigehen an den Ohren zupfen, die sorgfältig gegelte Haarpracht zerzausen.

Unter den Gruppensportarten ist Faustball der Klassiker. Viele Feuerwehrhäuser haben dafür simple, geteerte Plätze in Hör- und Sichtweite des Einsatzdisplays und in Sprintnähe zu den Einsatzwagen. Faustball kennen Sie nicht? Sie brauchen einen relativ weichen Riesenball, ein paar Spieler und ein Netz wie auf dem Tenniscourt. Der Ball wird mit dem Unterarm geschlagen. Daher auch die blauen Unterarme, die die Kollegen stolz zu Saisonauftakt wieder überall vorzeigen.

Auch die gemeinsame Vorbereitung auf anstehende Prüfungen, beispielsweise für den gehobenen Dienst, stärkt das Gruppengefühl, ebenso wie gemeinsame Fernsehabende. Dann verwandelt sich eine Wachabteilung in einen Kindergarten für Hochbegabte. Feuerwehrleute können sich gleichzeitig auf das Einsatzdisplay, die Hauptdarstellerin, ihr Handy, Eiscreme und das Parieren von Kameradensprüchen konzentrieren und sitzen natürlich keine Minute still. Es könnte ja ein Eimer kommen. „Geeimert" wird meist aus Jux, aber immer mit eiskaltem Wasser. Setzt der Wachkoller ein, weil es über Stunden keinen Einsatz gab, verwandeln sich Küche oder Essraum schnell mal in Nassräume, die hinterher im Kollektiv in ihren Idealzustand zurückgeschrubbt werden.

Eine Mehlbombe hat ernsteren, sprich: pädagogischen Charakter. „Den ziehen wir uns schon", ist ein typischer Spruch, wenn ein Heißsporn neu in die Wachabteilung kommt, nicht zuhört, seine Einsatzkleidung quer durch die Station verteilt und sich mit dem Esslöffel im Nutellaglas verewigt. Mehlbomben hängen strategisch platziert am Spind. Wer nach der schneeweißen Dusche beleidigt ist, für den sind die nächsten Tage kein Zuckerschlecken. Vor einer Mehlbombe wird fairerweise geredet, mit dem Vertrauensmann oder in der Gruppe, kurz und lösungsorientiert, denn der nächste große Einsatz

liegt vielleicht nur wenige Sekunden entfernt. Verantwortliche und Verfehlungen werden benannt. Wer damit nicht umgehen kann, muss es schnell lernen, sonst wird ihm möglicherweise bald eine Tüte „Weingummi" angeboten ...

Männer sind vom Mars, Frauen von der Venus:
Auch hier das Thema Nr. 1

Wer glaubt, die Bibliothek eines Feuerwehrmanns zu kennen, könnte falsch liegen.

Neben Stieg Larsson, Buddhismus- oder Tauchguides, Büchern über die Glückssuche, Extrembergsteigen und australischen Kochbüchern steht durchaus auch der obige Klassiker im Regal.

Denn: Die Scheidungs- und Trennungsrate unter Feuerwehrleuten ist überdurchschnittlich hoch, und das beschäftigt sie, Macho hin oder her. Häufig steht das Stichwort Schichtdienst an oberster Stelle der Gründe, warum's schiefging. Wer nicht selbst in einem vergleichbaren Beruf arbeitet, kann sich vielleicht schwerer mit der Tatsache anfreunden, dass Feuerwehrmänner nur alle drei Wochen ein freies Wochenende haben und ständig im Schichtdienst arbeiten.

Eines steht jedoch fest: Feuerwehrmänner lieben Frauen. **Ausserhalb** ihrer Station. Wer Feuerwehrfrau werden will, kann mit deutlich weniger Zuneigung rechnen. Die unbekümmerte und von robustem Selbstvertrauen geprägte „Can-Do-Einstellung" von Feuerwehrmännern weicht bei diesem Thema einem recht rigiden Nein. Wo sich der Rest der Gesellschaft beim Thema Mann und Frau relativ glatt ins neue Jahrtausend gebeamt hat und Frauen selbst in den Kampfeinheiten der Bundeswehr und bei der Kripo Dienst tun, reagieren die meisten Feuerwehrleute mit hörbar gesträubten Nackenhaaren, wenn eine Frau ihren Löschwagen, ähm, besteigt. Ist hier purer Anachronimus am Werk? Glauben Feuerwehrmänner vielleicht wirklich, Mario Barth hätte zum Thema Frauen schon alles Wissenswerte gesagt?

Die Berufsfeuerwehr Hamburg beschäftigt aktuell rund 2 300 Feuerwehrleute, darunter sind 30 Frauen. Gewollt ist dieses Kräfteverhältnis nicht, weder von den Politikern, die bei 1 Prozent Frauenanteil flatternde Nerven bekommen, noch von den Feuerwehren selbst, die gerne mehr Frauen einstellen würden. Doch schon die Anzahl der Bewerberinnen liegt häufig unter der von den Politikern vorgegebenen Quote. Auch ist der Job körperlich einfach hart; das zu leugnen wäre natürlich Unsinn.

Aber: Nicht jeder muss alles können. Die meisten Frauen können sicherlich längst nicht so lange wie ihre männlichen Kollegen einen 13 Kilogramm schweren Spreizer über dem Kopf balancieren, um ein Autodach aufzuschneiden. Aber sie sind wendiger und passen durch schmale Kellerfenster. Sie haben die größere Sozialkompetenz, innerhalb der Gruppe, bei der Erstversorgung von Patienten im Rettungswagen oder bei Gesprächen mit Angehörigen, die Feuerwehrleute auch führen, während alle schlimmstenfalls auf die Kriminalpolizei und den Leichensack warten. Und weil sie nicht so stark sind, knipsen sie auch ihr Köpfchen häufiger an. Denn ein verunfallter PKW muss natürlich nicht unbedingt mit schierer Muskelkraft von der Straße gehoben werden. Wenn man unter die Räder Schaufeln schiebt, die jeder Löschzug mit sich führt, dann lässt sich so ein Auto auch bewegen ...

Klar ist, dass eine Frau, die in dieses von sehr traditionellen Rollenvorstellungen geprägte Umfeld einsteigen will, fest in den Schuhen stehen muss. Besonders am Anfang muss sie beweisen, was sie draufhat, körperlich und verbal. Da es Feuerwehrmännern mit beeindruckender Kreativität gelingt, jedes Thema mit Sex zu verbinden, sind auch Schüchternheit und zartes Erröten im täglichen Umgang nicht gerade hilfreich. Auch die Tatsache, dass fast kein Feuerwehrmann seinen Ehering trägt, weil das Tragen von Schmuck im Dienst verboten ist, auf seine Uhr aber nicht verzichten würde, könnte gewöhnungsbedürftig sein.

Wer allerdings auf Welpenschutz keinen Wert legt, sondern sich beweisen möchte, Leistung bringt und sich durchsetzen will, der kann gerade in diesem sozialen Umfeld, in dem auch mit harten Bandagen ausgeteilt wird und manchmal schon die Fliege an der Wand stört, mit Respekt und Kollegialität rechnen.

Wenn alle brennbaren Oberflächen in einem Raum aufgrund großer Hitze durchzünden, nennt man diesen brandgefährlichen Vorgang Flashover.

In der Küche passiert diese Durchzündung allerdings wesentlich häufiger. Feuerwehrleute lieben's feurig, ob im spicigen Aroma von Chilis, der nachhaltigen Schärfe von frischem Ingwer oder im Zischen von Zitronengras.

Scharf ist natürlich auch gesund. Und 'ne kleine Machtprobe im Kollegenkreis.

FLASHOVER

Heiß und feurig

Rezepte für 4 Personen

Kaktusfeigensalat

1 Dose Kaktusfeigen

2 gelbe Paprika

2 rote Paprika

2–3 rote Jalapeños

3 rote Zwiebeln

300 g Schafskäse

2 Schalotten

6 EL Aceto bianco

1 TL Senf

1 Prise Zucker

6 EL Olivenöl

3 TL getrockneter Oregano

Salz und frisch gemahlener
schwarzer Pfeffer

Die Kaktusfeigenstreifen abtropfen lassen, Paprika waschen, vierteln, entkernen und in feine Streifen schneiden. Jalapeños ebenfalls in feine Streifen, die Zwiebeln schälen und in halbe Ringe schneiden, den Schafskäse würfeln. Kaktusfeigen mit den Paprikastreifen, den Jalapeños, den Zwiebelringen und dem Schafskäse in einer Schüssel mischen. Die Schalotten ebenfalls schälen und fein würfeln. Mit Essig, Senf, Salz, Pfeffer sowie dem Zucker in einem hohen Gefäß vermischen. Das Öl in dünnem Strahl einlaufen lassen und dabei kräftig weiterrühren. Abschmecken, über den Salat geben und einmal umrühren. Kurz ziehen lassen und vor dem Servieren den Oregano über den Salat streuen.

 **Björns Tipp:**

Sollten keine roten Jalapeños zu bekommen sein, gehen auch grüne. Rote Jalapeño sind die gereifte Form und milder als die unreif geernteten grünen Jalapeños. Daher sollten grüne Jalapeños mit Vorsicht verwendet werden.

Avocado-Papaya-Salat

2 Avocados
1 Papaya
1 Blutorange
2 Bio-Limetten
2 rote Chilischoten
1 rote Zwiebel
3–4 Korianderstängel
½ Bund Minze
2 EL Olivenöl
1 EL Sherryessig
1–2 TL brauner Zucker
Salz und frisch gemahlener schwarzer Pfeffer

Avocados und Papaya schälen, vierteln, entkernen und in feine Scheiben schneiden. Blutorange und eine Limette schälen und in Spalten schneiden, die andere heiß abwaschen, trocken tupfen, Zesten abreiben und den Saft auspressen. Beiseitelegen. Die Chilis waschen, halbieren, entkernen und fein hacken, die Zwiebel schälen und in feine Ringe schneiden. Koriander und Minze waschen, trocken schütteln und ebenfalls fein hacken. Alles in einer Schüssel vermengen. Das Öl mit dem Essig, Salz und Pfeffer, Limettensaft sowie dem braunen Zucker zu einer Vinaigrette verrühren, unter den Salat heben und gegebenenfalls nochmals abschmecken.

 **Björns Tipp:**

Dieser Salat passt sehr gut zu Meeresfrüchten sowie zu gegrilltem Fisch und Fleisch, insbesondere Geflügel. Gerade in den Sommermonaten entsteht so ein leichtes und erfrischendes Gericht. Natürlich harmoniert er auch mit der mexikanischen Küche gut: kombiniert mit ein paar Quesadillas und Jalapeños und fertig ist ein frischer, feuriger Salat mit vielen Vitaminen. Quesadillas sind übrigens zusammengeklappte und mit Käse gefüllte mexikanische Tortillas, die gebacken oder frittiert werden. Tortillas werden aus Weizen- oder Maismehl hergestellt und erinnern in ihrer Form an kleine, flache Fladenbrote. Wird die Tortilla gerollt, spricht man von einem Taco.

Karotten-Ingwer-Orangen-Suppe

2 Zwiebeln

1 Knoblauchzehe

4 cm frischer Ingwer

400 g Karotten

2 EL Olivenöl

2 TL Madras-Curry

100 ml Weißwein

200 ml Orangensaft

600 ml Gemüsebrühe

200 ml Sahne

**Salz und frisch gemahlener
schwarzer Pfeffer**

Zwiebeln, Knoblauch und Ingwer schälen und fein würfeln, die Karotte ebenfalls schälen und in dünne Scheiben schneiden. Das Olivenöl in einem Topf erhitzen, die Zwiebeln und den Knoblauch darin glasig anschwitzen, Karotten und Ingwerwürfel zugeben und kurz mitschwitzen. Das Currypulver zugeben und anrösten, mit Weißwein ablöschen und mit Orangensaft, Gemüsebrühe und Sahne auffüllen. Zugedeckt für 20 Minuten köcheln lassen. Mit dem Stabmixer pürieren und mit Salz und Pfeffer abschmecken.

 **Björns Tipp:**

Fein geschnittene Kräuter wie glatte Petersilie, Kerbel, Thymian oder Rosmarin und selbst gemachte Knoblauchcroûtons ergeben eine tolle Suppeneinlage und werten die Suppe auch optisch auf. Für die Knoblauchcroûtons Toastbrot entrinden und würfeln. Etwas Knoblauch ebenfalls würfeln, in ausreichend Olivenöl anbraten, die Toastbrotwürfel dazugeben und mit Salz und Pfeffer würzen.

Zitronengras-Curry-Suppe

2 Karotten

3 cm frischer Ingwer

6 Stangen Zitronengras

4 Schalotten

2 Knoblauchzehen

1 Lauchstange

2 EL Erdnussöl

2 EL Currypulver

200 ml Weißwein

250 ml Gemüsebrühe

450 ml ungesüße Kokosmilch

200 ml Sahne

2 EL Sweet Chilisauce

1 Mango

4 Minzstängel

Salz und frisch gemahlener schwarzer Pfeffer

Die Karotten, den Ingwer, das Zitronengras, die Schalotten und den Knoblauch schälen. Den Lauch gründlich waschen. Karotten und Lauch in feine Scheiben, Schalotten und Knoblauch in feine Würfel schneiden. Ingwer und Zitronengras fein hacken. Das Erdnussöl in einem Topf erhitzen und Schalotten und Knoblauch darin glasig andünsten. Karotten, Ingwer, Zitronengras und Lauch zugeben und anbraten. Mit Curry bestäuben, kurz rösten, dann mit Wein und Brühe aufgießen und das Gemüse etwa 3–4 Minuten weich dünsten. Kokosmilch, Sahne und Chilisauce dazugeben und mit Salz und Pfeffer abschmecken. Zum Schluss die Mango schälen, fein würfeln und unterheben. Mit der klein gehackten, frischen Minze bestreuen.

Björns Tipp:

Zitronengras längs einschneiden oder einfach mit einem Messerrücken mürbe klopfen, so können die ätherischen Öle ihr Aroma abgeben. Geknotet kann man das Zitronengras später im Ganzen entfernen.

Tom-Yam-Suppe

2 cm frischer Ingwer

2 Stangen Zitronengras

2 Schalotten

2 Knoblauchzehen

2 rote Chilischoten

2 EL Erdnussöl

6 Kaffirlimettenblätter

2 EL Sojasauce

2 EL Reiswein

1 EL Reisweinessig

Saft von 1 Limette

1 l Geflügelfond

2 TL Tom-Yam-Paste

4 Korianderstängel

4 Thai-Basilikumstängel

2 EL brauner Zucker

Salz und frisch gemahlener schwarzer Pfeffer

Ingwer, Zitronengras, Schalotten und Knoblauch schälen und fein würfeln. Die Chilis waschen, entkernen und fein hacken. Das Erdnussöl in einem Topf erhitzen und die Schalotten und den Knoblauch darin glasig anschwitzen. Ingwer, Zitronengras, Chilis und Kaffirlimettenblätter mit anschwitzen. Mit der Sojasauce, dem Reiswein, Reisweinessig sowie dem Limettensaft ablöschen, den Fond und die Tom-Yam-Paste zugeben und die Suppe 30 Minuten leise köcheln lassen. Zwischenzeitlich die Kräuter waschen, trocken schütteln und in feine Streifen schneiden. Die Suppe dann durch ein Sieb passieren, mit Salz und braunem Zucker abschmecken und mit den Kräutern garniert servieren.

Björns Tipp:

Kaffirlimettenblätter können in feine Streifen geschnitten oder im Ganzen verwendet werden. Die Seitenränder etwas einritzen, erst kurz vor Garende mitziehen lassen und vor dem Verzehr entfernen. Kaffirlimettenblätter sind frisch oder tiefgekühlt erhältlich.

Gebratene Jakobsmuscheln mit Avocado-Chili-Dip

2 Hass-Avocados
2 EL Zitronensaft
1 Zwiebel
2 rote Chilischoten
6 Tomaten
½ Bund Koriander
12 küchenfertige Jakobsmuscheln
4 EL Mehl
1 EL Erdnussöl
1 TL Butter
Salz und frisch gemahlener schwarzer Pfeffer

Die Avocados schälen, halbieren, entkernen und dann fein würfeln. Mit Zitronensaft beträufeln. Zwiebel schälen und ebenfalls fein würfeln, Chilis und Tomaten waschen, die Chilis entkernen und in feine Streifen schneiden, die Tomate würfeln. Avocados mit Zwiebeln und Chilis fein pürieren, die Tomatenwürfel unterheben und mit Salz und Pfeffer abschmecken. Zuletzt den Koriander waschen, trocken schütteln, in Streifen schneiden und unterheben.

Die Muscheln mit Salz und Pfeffer würzen und im Mehl wenden. Das Öl und die Butter in einer beschichteten Pfanne erhitzen und die Muscheln darin bei mittlerer Hitze von jeder Seite etwa 1½ Minuten saftig und braun anbraten.

Björns Tipp:

Beim Arbeiten mit frischen Chilischoten ist das Tragen von Einmalhandschuhen ratsam, denn Chilischoten sind sehr scharf und brennen auf der Haut, besonders im Gesicht. Die Jalapeño wird meistens grün geerntet und hat in diesem Zustand ihre maximale Schärfe erreicht. Ausgereift ist sie rot und verliert gleichzeitig an Schärfe. Sie hat dann ein leicht süßliches, scharfes Aroma. Wird diese Schote über Rauch getrocknet, nennt man sie „Chipotle". Diese Variante hat ein sehr angenehm rauchiges Aroma, das gut zu Gulasch oder Rouladen passt. Übrigens gilt die Habanero-Chili als die schärfste Chilisorte der Welt.

Rotes Fischcurry

Papaya-Riesengarnelen-Curry

Süßkartoffel-Kürbis-Curry

Erdnusscurry

4 Knoblauchzehen

2 cm frischer Ingwer

2 Schalotten

3 rote Chilischoten

4 Stangen Zitronengras

1 TL Speiseöl

je 1 TL gemahlener Koriander, Muskat, Kurkuma, Zimt, Piment

500 ml Kokosmilch

Saft und Abrieb von 2 Bio-Limetten

2 EL Nam Plan (Fischsauce)

1 EL Sojasauce

500 g Süßkartoffeln

250 g Hokkaidokürbis

2 EL Olivenöl

1 TL brauner Zucker

2 Thai-Basilikumstängel

3 Korianderstängel

3 Minzestängel

Salz und frisch gemahlener schwarzer Pfeffer

200 g Süßkartoffeln

1 rote Paprika

1 gelbe Paprika

50 g Erdnüsse

5 cm frischer Galgant

2 Zwiebeln

2 EL Erdnussöl

50 g gelbe Currypaste

500 ml ungesüßte Kokosmilch

3 EL Nam Plan (Fischsauce)

Saft und Abrieb von 1 Bio-Limette

2 TL brauner Zucker

50 g Erdnussbutter

½ Bund Koriander

Salz und frisch gemahlener schwarzer Pfeffer

Den Backofen auf 200 °C vorheizen. Knoblauch, Ingwer und Schalotten schälen und halbieren. Die Chilis waschen, entkernen und mit Zitronengras, Ingwer, Knoblauch und Schalotten durch den Fleischwolf drehen. Das Öl in einem Topf erhitzen und die gemahlenen Gewürze darin anschwitzen. Die so gewonnene Gewürzpaste 20 Minuten bei kleiner Hitze köcheln lassen. Kokosmilch zugeben und um ein Drittel reduzieren. Mit Limettensaft, Limettenabrieb, Fischsauce und Sojasauce abschmecken. Süßkartoffeln und Kürbis schälen, zerkleinern und auf ein Backblech verteilen. Mit Öl beträufeln, salzen, pfeffern und mit braunem Zucker bestreuen. Für 30 Minuten in den Backofen geben. Kräuter waschen, trocken schütteln und grob hacken. Die gebackenen Kürbis- und Kartoffelwürfel zu der fertigen Gewürzpaste in den Topf geben, 5 Minuten zusammen köcheln lassen, Kräuter unterheben und sofort servieren.

Die Süßkartoffeln schälen und in grobe Würfel schneiden, die Paprikas waschen, entkernen und in feine Streifen schneiden. Die Erdnüsse in einer beschichteten Pfanne anrösten und fein hacken, Galgant und Zwiebeln schälen. Den Galgant fein reiben und die Zwiebeln fein würfeln. In einer Pfanne in Erdnussöl andünsten, die Currypaste einrühren und kurz rösten. Mit Kokosmilch ablöschen und Fischsauce, Limettensaft, Limettenabrieb, braunen Zucker und Erdnussbutter unterrühren. Die Süßkartoffelwürfel dazugeben und bei schwacher Hitze etwa 3 Minuten garen. Die Paprikastreifen hinzufügen und weitere 2–3 Minuten köcheln lassen. Alles noch einmal kräftig aufkochen und mit Currypaste und Erdnussbutter abschmecken. Den Koriander waschen, trocken schütteln und fein hacken. Das Curry mit den gerösteten Erdnüssen und dem frischen Koriander bestreut servieren.

Rotes Fischcurry

Papaya-Riesengarnelen-Curry

2 Zwiebeln

1 Knoblauchzehe

3 cm frischer Ingwer

1 Bund Suppengrün

4 EL Erdnussöl

1 rote Chilischote

1 Zimtstange

1 Lorbeerblatt

4 EL Madras-Curry

500 ml Fischfond

420 g stückige Tomaten aus der Dose

400 ml Kokosmilch

850 g weißfleischiges Fischfilet (z. B. Kabeljau, Meerbarbe, Wolfsbarsch, Seeteufel)

250 g Garnelen

2 EL Limettensaft

½ Bund Koriander

2 EL Speiseöl

50 g rote Currypaste

200 g geschälte und entdarmte Riesengarnelen

250 ml Fischfond

125 ml Kokosmilch

3 Kaffirlimettenblätter

2 EL Limettensaft

500 g grüne Papaya

1 Zwiebel

1 Knoblauchzehe

1 TL Speiseöl

2 rote Chilischoten

50 g Kokosraspeln

Salz und frisch gemahlener schwarzer Pfeffer

Zwiebeln, Knoblauch, Ingwer und Suppengrün schälen, fein würfeln und in der Hälfte des Öls glasig anschwitzen. Die Chilischote waschen, entkernen und fein hacken. Zusammen mit der Zimtstange, dem Lorbeer und dem Curry in den Topf geben und kurz mitrösten. Fischfond, Tomaten und Kokosmilch angießen und 20 Minuten ohne Deckel köcheln lassen. Währenddessen die Fischfilets von beiden Seiten salzen und pfeffern, in grobe Stücke zerteilen und in dem restlichen Öl anbraten. Herausnehmen, die Garnelen in die gleiche Pfanne geben und bei großer Hitze kurz anbraten. Mit den angebratenen Fischfilets in das Curry geben und bei geschlossenem Deckel weitere 5 Minuten garen. Mit Salz, Pfeffer und Limettensaft abschmecken, den Koriander waschen, trocken schütteln und in feine Streifen schneiden und zum Schluss über das Curry streuen.

Das Öl in einer Pfanne erhitzen und die Currypaste darin anrösten. Die Garnelen zugeben und bei mittlerer Temperatur auf jeder Seite für 2 Minuten anbraten. Mit Fischfond und Kokosmilch ablöschen. Die Kaffirlimettenblätter fein hacken und zugeben. Alles aufkochen und anschließend bei milder Hitze etwa 15 Minuten cremig einkochen. Mit Limettensaft, Salz und Pfeffer abschmecken.

Die Papaya schälen, entkernen und in Streifen schneiden. Die Zwiebel und den Knoblauch ebenfalls schälen, fein würfeln und in einer Pfanne in dem Speiseöl anbraten. Währenddessen die Chilis waschen, entkernen und fein hacken. Papaya, angebratene Zwiebeln und Knoblauch mit den Chilis und den Kokosraspeln mischen und gegebenenfalls nochmals abschmecken. Die Garnelen mit dem Sud in einen tiefen Teller geben. Die restlichen Zutaten auf dem Curry verteilen.

Feuriges Huhn aus dem Ofen

**1 küchenfertiges,
ganzes Huhn (ca. 1,3 kg)**
10 Schalotten
12 Knoblauchzehen
6 cm frischer Ingwer
4 cm frischer Galgant
10 rote Chilischoten
120 g ungesalzene Erdnüsse
50 g Palmzucker
1 TL Korianderkörner
1 TL Pfefferkörner
100 ml Speiseöl
6 Kaffirlimettenblätter
4 Stangen Zitronengras

Das Huhn waschen, mit Küchenpapier trocken tupfen und beiseitestellen. Schalotten, Knoblauch, Ingwer und Galgant schälen und fein würfeln, die Chilis waschen und in feine Streifen schneiden. Den Backofen auf 200 °C vorheizen.

Schalotten, Knoblauch, Ingwer, Galgant, Chilis, Erdnüsse, Palmzucker, Koriander- sowie Pfefferkörner durch den Fleischwolf drehen. Die Masse in eine Pfanne geben, das Öl und 250 Milliliter Wasser unterrühren. Die Kaffirlimettenblätter an den Seiten einritzen, das Zitronengras anquetschen, zum Knoten drehen und mit den Limettenblättern beigeben. Alles aufkochen und etwa 1 Stunde leise köcheln lassen, bis das Wasser verdampft ist und die Masse eine sämige Konsistenz und eine goldene Farbe hat.

Das Huhn in ein tiefes Backblech geben und die Gewürzmasse mit den Händen gut einmassieren. Die Masse sollte überall auf dem Huhn verteilt sein. Salzen und pfeffern ist nicht nötig, da die Würzpaste bereits einen sehr intensiven Geschmack hat. Im Ofen 30–40 Minuten garen.

Björns Tipp:

Galgant wird auch als thailändischer Ingwer bezeichnet und ist eines der wichtigsten Gewürze in der Thai-Küche. Sein Aroma ist unvergleichlich frisch. Sie finden ihn in asiatischen Lebensmittelläden und in gut sortierten Supermärkten.

Hefeteig für Pizzaboden

Tomatensauce

1 Päckchen frische Hefe

1 Prise Zucker

100 g Hartweizengrieß (ersatzweise insgesamt 500 g Mehl)

400 g Mehl

1 TL Salz

1 EL kaltgepresstes Olivenöl

3 Zwiebeln

1 Knoblauchzehe

2 EL Olivenöl

4 EL Tomatenmark

400 g stückige Tomaten aus der Dose

Salz und frisch gemahlener schwarzer Pfeffer

Hefe und Zucker in 4 Esslöffeln lauwarmem Wasser vollständig auflösen. Den Hartweizengrieß mit dem Mehl und dem Salz auf einer Arbeitsfläche mischen. In die Mitte eine Mulde drücken. Etwa 200 Milliliter lauwarmes Wasser zusammen mit der Hefemischung in die Mulde gießen. Nun vom Rand her das Grieß-Mehl-Gemisch nach und nach einarbeiten. Das Olivenöl unterkneten. Eine Kugel formen und auf der Arbeitsfläche kräftig durchkneten, bis der Teig elastisch, weich und gleichmäßig ist.

Den Teig mit Mehl fein bestäuben und mit einem Geschirrtuch abdecken. Bei Zimmertemperatur gut 30 Minuten gehen lassen, der Teig sollte sein Volumen dabei etwa verdoppeln.

Die Zwiebeln und den Knoblauch schälen und in feine Würfel schneiden. Das Olivenöl in einem Topf erhitzen und die Zwiebeln mit dem Knoblauch darin goldgelb anschwitzen. Das Tomatenmark einrühren und kurz anschwitzen. Die Tomaten zugeben. Alles etwa 30 Minuten köcheln lassen und anschließend mit Salz und Pfeffer abschmecken. Die Grundsauce sollte nicht zu dünnflüssig sein, gegebenenfalls weiter einkochen.

🔥 Björns Tipp:

Hartweizen ist nach Weichweizen die wichtigste Weizenart. Grieß ist ein Teilstück des Getreidekorns und das Mehl daraus hat eine große Klebkraft und verleiht dem fertigen Teig eine hohe Elastizität. Der Grundteig wird so schön locker und gleichzeitig schnittfest – optimal für einen Pizzaboden.

Tandoori-Mango-Chicken-Pizza

1 Pizzagrundteig
(Rezept Seite 80)

Tomatensauce
(Rezept Seite 80)

2 Hähnchenbrustfilets à 250 g

2 EL Tandooripaste

1 EL Speiseöl

1 rote Zwiebel

1 Mango

2 EL Mangochutney

200 g Gouda

Den Backofen auf 250 °C vorheizen. Den Pizzateig ausrollen und auf einem Blech verteilen, mit der Sauce bestreichen. Die Hähnchenbrustfilets mit der Tandooripaste rundum einreiben, in einer Pfanne in dem Speiseöl bei mittlerer Hitze anschließend leicht anbraten und anschließend in schmale Scheiben schneiden. Zwiebeln und Mango schälen, die Zwiebeln in feine Ringe, die Mango in feine Scheiben schneiden. Mit dem Hähnchenfleisch auf der Pizza verteilen und mit Chutney und frisch geriebenem Gouda bestreuen. Im vorgeheizten Backofen auf der mittleren Schiene 10–12 Minuten backen.

Curry-Mandalay-Pizza

1 Pizzagrundteig
(Rezept Seite 80)

Tomatensauce
(Rezept Seite 80)

200 ml Koskosmilch

20–25 g Curry-Mandalay

50 g Chakalakasauce

2 Hähnchenbrustfilets à 250 g

1 EL Speiseöl

1 rote Zwiebel

½ rote Paprika

½ grüne Paprika

200 g Gouda

2 EL Crème fraîche

3–4 frische Korianderstängel

Salz und frisch gemahlener schwarzer Pfeffer

Den Backofen auf 250 °C vorheizen. Den Pizzateig ausrollen und auf einem Blech verteilen, mit der Sauce bestreichen. Kokosmilch aufkochen, mit Curry-Mandalay mischen und mit Chakalakasauce würzig abschmecken. Die Hähnchenbrustfilets salzen und pfeffern und in einer Pfanne in dem Speiseöl bei mittlerer Hitze anbraten und in schmale Streifen schneiden. Zwiebel schälen und in Ringe schneiden, Paprikas waschen, entkernen und anschließend in feine Streifen schneiden. Zu der Hähnchenbrust geben und kurz mit anbraten. Die fertige Currysauce zugeben, durchschwenken und sämig einkochen lassen. Auf der Pizza verteilen und mit frisch geriebenem Gouda bestreuen. Im vorgeheizten Ofen auf der mittleren Schiene in 10–12 Minuten fertig backen. Crème fraîche und den gewaschenen, trocken geschüttelten und fein geschnittenen Koriander auf der fertigen Pizza verteilen.

 **Björns Tipp:**

Curry-Mandalay ist eine besonders aromatische Currymischung, die aber natürlich auch durch andere Currysorten ersetzt werden kann.

Mexikanische Pizza

1 Pizzagrundteig
(Rezept Seite 80)

Tomatensauce
(Rezept Seite 80)

1 rote Zwiebel

1 grüne Paprika

3 Scheiben Bacon

50 g Mais

4 grüne Jalapeños

50 g Sour Cream

50 g Guacamole

Den Backofen auf 250 °C vorheizen. Den Pizzateig ausrollen und auf einem Blech verteilen, mit der Sauce bestreichen. Die Zwiebel schälen und in halbe Ringe schneiden, die Paprika waschen, entkernen und in feine Ringe schneiden. Den Bacon in Streifen schneiden und mit den Zwiebeln, der Paprika und dem Mais auf der Pizza verteilen. Im Backofen auf mittlerer Schiene in 12–15 Minuten knusprig backen. Nach dem Backen Jalapeños, Sour Cream und Guacamole auf der Pizza verteilen.

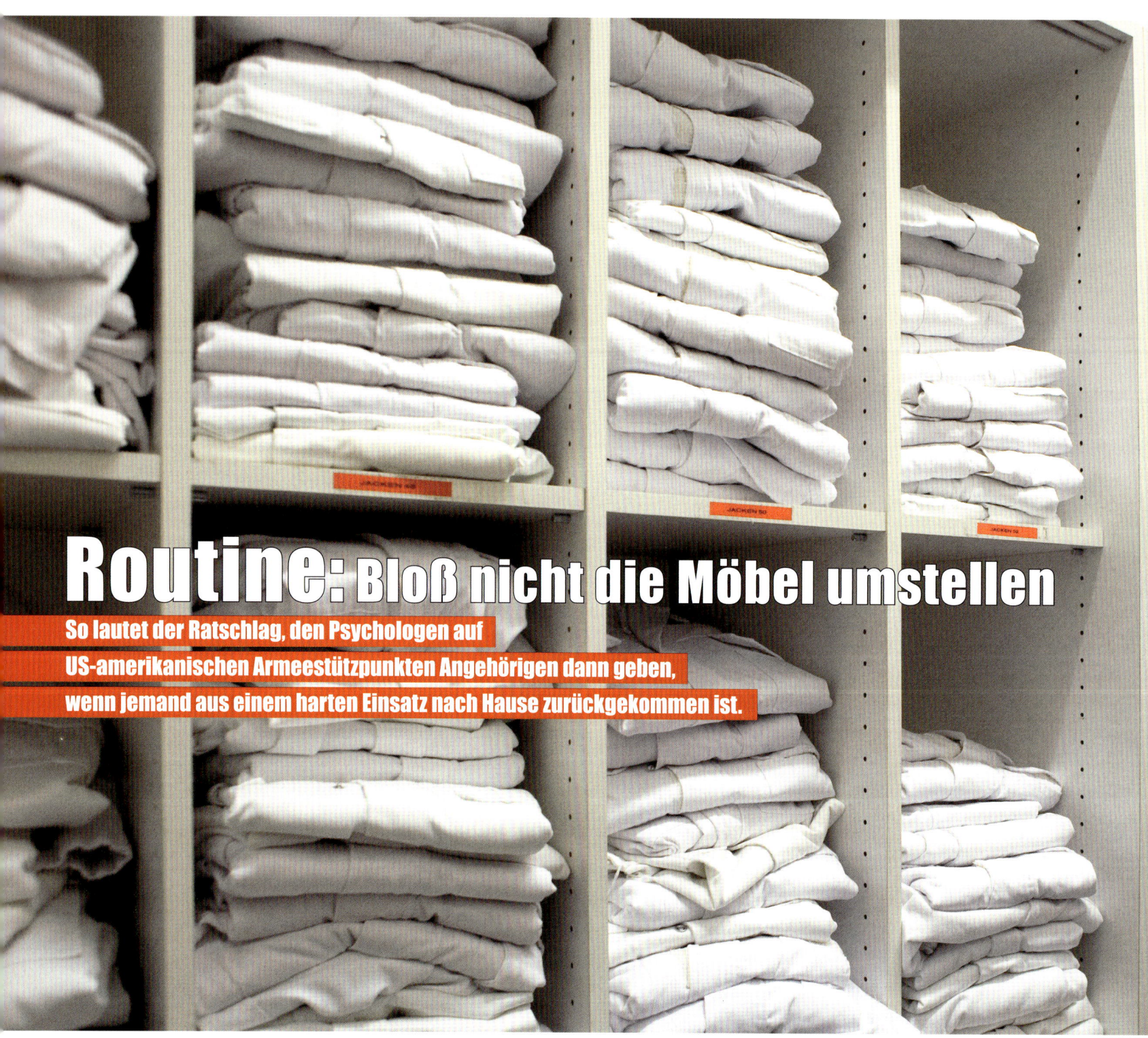

Routine: Bloß nicht die Möbel umstellen

So lautet der Ratschlag, den Psychologen auf US-amerikanischen Armeestützpunkten Angehörigen dann geben, wenn jemand aus einem harten Einsatz nach Hause zurückgekommen ist.

Auf wen gerade noch geschossen wurde, wer deshalb ständig mit Ausnahmesituationen konfrontiert wird, hasst es, wenn sich in vertrauten Räumen Veränderungen ergeben.

Natürlich wird auf Feuerwehrleute nicht geschossen und ist in dieser zivilen Organisation der militärische Drill früherer Zeiten weitestgehend abgeschafft. Aber: Auch für Feuerwehrleute ist Routine überaus wichtig und treffen Veränderungen jedweder Art als Erstes auf Ablehnung. Psychologisch ließe sich das vielleicht mit der einfachen Tatsache erklären, dass kein Feuerwehrmann, der morgens um kurz nach 6 Uhr oder abends kurz nach 18 Uhr in die Station einfährt, weiß, was seine Schicht bringen wird. Ist der erste Einsatz kurz vor dem Frühstück dann eine Anforderung zum Personalausgleich einer anderen Wache, ist das natürlich kein kniffliger Auftrag, bringt ihn jedoch auf unbekanntes Terrain, mitten in eine ihm häufig unbekannte Wachabteilung und aus der Routine. Fremdbelegungen werden, mit anderen Worten, herzhaft verabscheut. Dahinter steht jedoch keine Befindlichkeit, sondern das Bedürfnis nach einem fest gefügten äußeren Rahmen. Wer weiß, wo sein Spind steht und wo die Waschräume liegen, kann sich auf Wesentliches konzentrieren.

Vertrauen und Vertrautheit sind wichtige Schlüsselworte im Alltag. So wie es im Feuerwehrteam um Vertrauen geht, geht es im Umgang mit allem, was für einen Einsatz auf dem Löschzug oder dem Rettungswagen benötigt wird, um Vertrautheit. Die Aussage „bei einem Einsatz denke ich nicht nach" klingt nur für Außenstehende befremdlich. Sie ist gewünscht, bedeutet sie ja, dass die Ausbildung ihre Wirkung zeigt. Die Vertrautheit im Umgang mit den Hilfsmitteln, die routinemäßig eingeübten Handgriffe sitzen und können zum Einsatz kommen.

Denn auch ein sogenannter Routineeinsatz hat das Potenzial zum Ernstfall zu werden. Dann müssen die unterschiedlichsten Hilfsmittel bedient werden und zwar ohne Nachdenken. Eine Haspel, die Schläuche zügig verlegen und hinterher wieder aufrollen kann. Schere und Spreizer, die hydraulisch betriebenen Rettungsgeräte, mit denen sich Autodächer aufschneiden oder Autotüren aufsprengen lassen. Der Drehleiterkorb. Das Schlauchboot. Die diversen Leitern ...

Feuerwehrleute nehmen und brauchen den direkten Zugang. Das gilt für den Einsatzort, das gilt für jedes technische Hilfsmittel. Häufig verordnen sie sich außerhalb der vielen Weiterbildungen und Seminare kurze Einführungen in ihre Geräte, die sie selbstverständlich im Schlaf bedienen, auseinandernehmen und wieder zusammensetzen können. Doch auch beim zwanzigsten Mal übt beispielsweise ein sich selbst aufblasendes Sprungpolster eine große Anziehungskraft aus. Da stehen dann 10, 15 Feuerwehrleute um einen Kollegen, der sich damit besonders gut auskennt, lassen sich noch mal präzise erklären, in welchem Abstand zur Hauswand sie aufgebaut werden soll, wann sich ein Verrutschen vermeiden lässt, tüfteln an der schnellsten Methode des Zusammenfaltens und springen zwischendurch auch mal rein.

Weil es Spaß macht. Vorrangig jedoch, um sich die Kräfte zu vergegenwärtigen, die hier wirken. Ein Brandopfer, das aus 16 Metern Höhe in dieses dann winzig aussehende Sicherungsteil springt, tut das nur aus einem Grund. Dieser Mensch hat Todesangst. Wenn ein Feuerwehrmann dann nicht das Richtige tun konnte, weil ihm die Routine fehlte, wird er damit wohl sein Leben lang zu tun haben.

Meine sind am längsten:
Drehleiter und Löschzug

Zu behaupten, Feuerwehrleute würden ihre Drehleiter und ihre Löschzüge lieben, trifft es nicht. Wenn man ihnen beim Umgang mit den Wagen zusieht, wird hinter dieser vordergründigen Jungs-Faszination etwas Anderes sichtbar, nämlich ein unbewusstes, instinktives Hantieren, das auf viel Erfahrung im Umgang mit dem Wagen im Einsatz hindeutet und auf ein Vertrauen darauf, dass sich mit dieser Drehleiter und diesem Löschzug richtig was bewegen lässt.

Trotzdem sind auch solche Autos verbesserungsfähig. Die neue verbesserte Generation wird in diesem Frühling an den Feuer- und Rettungswachen im Hamburger Stadtgebiet in Betrieb genommen.

Hamburger Löschfahrzeug HLF 20/16
(angelehnt an DIN 14530-11)

Aufbau: Mercedes Atego, 1529 AF mit Ziegler-Aufbau

Antrieb: Allrad-Fahrgestell mit vollautomatischem
Wandlerschaltgetriebe, Motorleistung 210 Kilowatt

Höhe: 3,30 Meter

Breite: 2,55 Meter

Länge: 8,44 Meter

Zulässiges Gesamtgewicht: 16 Tonnen

Kabine: Gruppenkabine (aus GFK-Material)
mit 7 Sitzplätzen für die Fahrzeugbesatzung

Feuerlöschkreiselpumpe: leistungsverstärkte FPN 10-2000

Wassertank: 1 600 Liter Fassungsvermögen

Watfähigkeit: Wassertiefen bis zu 80 Zentimeter

Drehleiter DLA (K) 23/12

Aufbau: Iveco-Magirus, 160 E 30

Antrieb: Straßenantrieb, Motorleistung 220 Kilowatt

Gesamthöhe: 33 Meter

Breite: 2,5 Meter

Länge: 10 Meter

Wendekreisdurchmesser: 20,4 Meter

Zulässiges Gesamtgewicht: 16 Tonnen

Hubrettungssatz: maximale Rettungshöhe: 30,75 Meter

Maximaler Aufrichtewinkel: 75 Grad

Maximale Korblast: 270 Kilogramm

Nennrettungshöhe: 23 (DIN EN 14043)

Nennausladung: 12 Meter

Hamburgensien:
Zwischen Hafen und Hightech

Eine Stadt, die ihrem Ersten Bürgermeister Senatoren zur Seite stellt, macht die Dinge anders. Hamburgensien heißen solche Andersheiten, die von der Finkenwerder Kutterscholle bis zur Würfelarchitektur der neuen Hafen-City reichen und selbstverständlich auch in der Feuerwehr zu finden sind.

Den Straßenplan nennen sie hier „Wahrsager". Er ist ein von Feuerwehrleuten selbst zusammengestelltes Auskunftsverzeichnis, das jedes Löschfahrzeug als Aktenordner führt, um den schnellsten Weg zum Einsatzort zu finden und den Hydranten zu bestimmen, der dem Brandherd am nächsten liegt. Übrigens: Dass man bei der Suche nach diesem Hydranten einfach nur das Polizeiauto suchen könnte, das darüber geparkt hat, ist keine Hamburgensie, sondern eine Großstadtlegende, nicht erfunden von dieser Autorin, die höchsten Respekt vor den Udels, ähm, Polizisten, hat. Die Fahrzeughallen heißen in Hamburg „Remisen", das Signal, das das Ende eines Einsatzes signalisiert, heißt „Abspann", und beide Begriffe sind Relikte aus Zeiten, in denen die Feuerwehrautos noch von Pferden gezogen wurden. Hamburgensien sind einmalig, nicht nur in

sprachlicher Hinsicht. Das Spektrum reicht von einer Zentralambulanz für Betrunkene, dem Kampfmittelräumdienst über ein gigantisches Teleskopmastfahrzeug bis zu Löschbooten und SIGIS, einer kleinwüchsigen Gefahrenabwehr, die Gefahrenstoffe in der Luft noch mit mehreren Kilometern Distanz erkennen kann und bei den Public Viewings der WM 2006 erstmals zum Einsatz kam.

ZAB: Die Zentralambulanz für betrunkene hilflose Menschen

In einer Großstadt wie Hamburg mit mehreren Amüsiervierteln und dem zweitgrößten Containerhafen Europas müssen die Krankenhäuser mit Ausnüchterungszellen ausgerüstet sein. Feuerwehrleute nennen sie „Holsten Hilton" und liefern dort besonders an Wochenenden gefühlte zehn Mal pro Nacht Betrunkene ab. Betrunken heißt übrigens nicht angeschickert. Betrunken heißt beispielsweise, dass Passanten eine Leiche auf dem Bürgersteig melden, die sich erst nach längerem Rütteln nicht als tot, sondern im leider anschaulichsten Sinne beschreibend als „breit" herausstellt.

Früher gab es noch die „Cognac Ranch". Heute ist sie in die Beamtensprache eingedeutscht als ZAB oder Zentralambulanz für betrunkene hilflose Menschen. Diese Ambulanz, 1974 gegründet, war notwendig geworden, nachdem mehrere Betrunkene, die ihren Vollrausch in Polizeizellen ausschlafen sollten, dort nicht wieder aufgewacht waren. Rund um die Uhr werden in dieser deutschlandweit einzigartigen Ambulanz Betrunkene medizinisch betreut. Sie werden von den Krankenhäusern überstellt. Ein Arzt ist aus Kostengründen nicht mehr vor Ort, aber die Feuerwehrleute können als ausgebildete Rettungsassistenten natürlich die vitalen Funktionen checken und bei Bedarf umgehend Notfallmaßnahmen einleiten.

Wer hier Dienst tut, muss auf den im Feuerwehrdienst relativ hohen Adrenalinpegel verzichten. Statt auf das Einsatzdisplay wird auf Monitore geschaut, die eine Gesamtansicht von jeder Zelle und darin idealerweise selig Schnarchenden abbilden. Die sechs Kollegen melden sich dennoch freiwillig für diesen Spezialjob, denn er ist körperlich nicht so anstrengend und fordernd wie die häufigen Doppelschichten in den Wachen. Bevor sie ihn antreten, werden die Feuerwehrleute in Selbstverteidigung ausgebildet. Aus Helfern sollen ja keine Opfer werden. Ihr betrunkenster Gast hätte ihnen allerdings nicht mehr gefährlich werden können. Dass jemand 5,9 Promille hat und sich noch in dieser Welt befindet, grenzte auch für Feuerwehrleute, die schon so ziemlich alles gesehen haben, an ein medizinisches Wunder.

Der Kampfmittelräumdienst: Hier ist der Zweite Weltkrieg längst nicht Geschichte

Erst seit einigen Jahren gehört der nach dem Zweiten Weltkrieg gegründete Kampfmittelräumdienst zur Feuerwehr der Hansestadt. Gebraucht wird er auch über sechzig Jahre nach Kriegsende: Allein mit 2 900 Bombenblindgängern im Riesenformat rechnen seine Experten noch im Hamburger Stadtgebiet. Diese Schätzungen beruhen auf einer ganz einfachen Rechnung. Wie viele Blindgänger in Prozent gaben die Alliierten während ihrer Trainingsflüge bekannt? Wie viele Bomben bekam Hamburg ab? Wie viele davon wurden bislang geborgen?

217 Mal wurde Hamburg während des Kriegs von den Alliierten bombardiert; immerhin war die Stadt eine strategisch günstig gelegene Hochburg der Nationalsozialisten und arbeiteten im Hafen drei kriegswichtige Werften. 107 000 große Sprengbomben regneten auf Hamburg herab, unvorstellbare 6 Millionen Stabbrandbomben, die die Dächer der Wohnhäuser durchschlagen konnten und diese dabei in Brand setzten, überdies 300 000 Flüssigkeitsbrandbomben.

Interessanterweise hat sich die tatsächliche Suchmethodik in den letzten sechzig Jahren kaum verändert: bis heute ist sie schwierig und zeitlich aufwendig. Per Luftbildauswertung versuchen die Kollegen, die blind gegangenen Bomben zu finden. Da diese Luftbilder aus dem Krieg stammen und nicht heutigen Standards entsprechen, ähnelt die Suche der nach einer Stecknadel im Heuhaufen. Die Bilder wurden aus circa 3 000 Meter Höhe fotografiert und haben ein Quadratformat von 20 Zentimetern; da nun ein Loch von einer Ausdehnung von 0,3 bis 2 Metern zu finden, weil das auf einen Einschlag hindeutet, erfordert akribische Feinarbeit. Bei Verdacht wird das Zielgebiet sondiert, und es werden Detektoren eingesetzt. Bei einer tatsächlichen Meldung tritt der Kampfmittelräumdienst aktiv ins Geschehen ein. Drei Sprengmeister aus der Minitruppe dürfen Entschärfungen vornehmen. Am Einsatzort werden nach Sichtung der Lage und Bombe Warn- und Sperrzonen benannt, damit Menschen bei der Entschärfung nicht zu Schaden kommen. In Hamburg ist es nicht unüblich, dass dabei halbe Stadtviertel gesperrt werden und Bewohner ihre Häuser verlassen müssen.

Wer wählt freiwillig einen Job, der sich an der Spitze der gefährlichsten Jobs der Welt tummelt? Sieben von acht Mitarbeitern im Kampfmittelräumdienst waren früher bei den Streitkräften und halten diese Berufserfahrung aus einem einzigen Grund für eine Grundvoraussetzung: Nur Soldaten denken wie Soldaten.

Sicherlich sind Berufserfahrung, Lehrgänge und Weiterbildung und eine überaus belastbare, nüchterne Persönlichkeit schöne Grundvoraussetzungen. Doch wer nicht denkt wie ein Soldat, kann sich auch nicht in die bis ins Feinste ausgearbeiteten Perfiditäten eines gegnerischen Bombenabwurfs hineindenken. Bomben haben einzig und allein den Zweck, das größtmögliche Maß an Zerstörung und Tod anzurichten, durchaus unter Verwendung von List und Täuschung.

Diese Sprache muss man sprechen wollen und entschlüsseln können. Deshalb rekrutiert sich dieser Dienst vorrangig aus Minentauchern und Feuerwerkern (Munitionsfachkundige), angesehene Sondereinheiten im Bundeswehrverband. Mut kann in diesen Spezialtrupps vorausgesetzt werden, eine fachkompetente Individualität wird sehr geschätzt, wirklich wichtig ist der Respekt vor der Munition. Hippies wie Sprengstoffnarren hätten hier keine Chance.

Die Technik- und Umweltschutzwache:
Zwischen Tunnelblick, SIGIS & Teleskopkran

Im Einzugsgebiet vom Hamburger Hafen liegt die Technik- und Umweltschutzwache, die sich auf mehrere ganz unterschiedliche Schwer-

punkte konzentriert. Der überaus gefährliche Verkehrsknotenpunkt Elbtunnel, eine Ölschadensbekämpfung zu Wasser oder eine Gefahrguteinsatzabwicklung, wie es im schwerfälligen Beamtendeutsch heißt, fallen in ihren Zuständigkeitsbereich. Kurz gesagt: Die Kollegen sind Technik- und Umweltspezialisten. Angegliedert ist die Analytische Task Force, die es in dieser Form bundesweit nur sieben Mal gibt und die deshalb flächendeckend arbeitet. Stößt beispielsweise ein Bagger in der Lüneburger Innenstadt auf Material, das auch der Bauleiter nur als gefährlich wahrnimmt, aber nicht identifizieren kann, wird es mit Spezialfahrzeugen in die Wache transportiert und dort analysiert. Von Sprengstoff über Reizgase war schon alles dabei; ausgerüstet ist die Wache auch für Umgang und Entsorgung bei radioaktiven Kontaminationen.

Besonders stolz sind die 109 Männer und 1 (!) Frau auf einen mechanischen Mitarbeiter, ein unscheinbares Gerät namens SIGIS. Bis zu 5 Kilometer reicht sein Radius. Er kann Gefahrenstoffe in der Luft selbst in kleinster Konzentration aufnehmen; schon der Geruch einer brennenden Zigarette macht ihn nervös. Bei den Public Viewings der Fußball-WM 2006 kam das Gerät erstmals zum Einsatz.

SEG Schiffsicherung:
Alles klar auf der Andrea Doria

Feuerwehr und Bundesmarine haben bei der Schiffsicherung miteinander zu tun. Doch da beide Institutionen schon von den Grundvoraussetzungen andere Wertesysteme bedienen und haben, muss dieses Miteinander immer wieder geübt werden. Mehrmals im Jahr gibt es Übungen mit den Feuerwehren der Küstenländer und Hamburgs, die auf hoher See unter simulierten Gefechtsbedingungen Bergungs- und Rettungseinsätze durchführen. Wieso? Wo das oberste Ziel von Feuerwehrleuten immer das Retten von Menschen ist, ist das oberste Ziel eines Kapitäns immer die Sicherung des Schiffes und seiner (manchmal

auch explosiven und damit hochgefährlichen) Last. Da auf einem Schiff anders als in allen anderen Gefahrensituationen, in die die Feuerwehr gerufen wird, nicht diese, sondern der Kapitän die Befehlsgewalt behält, sind Konflikte vorprogrammiert.

In Hamburg sind es rund 120 Kollegen aller Dienstgradgruppen, die sich voller Begeisterung vom Helikopter abwinschen, in eiskaltes Nordseewasser werfen, unter Deck umnebeln lassen und dabei Verletzungen riskieren, um den Ernstfall zu proben und so viele Menschen wie möglich zu retten.

Feuerlöschboote:
Wasserspeiende Hafenromantik

Hamburg ist nicht nur einer der wichtigsten Containerumschlagplätze der Welt, sondern gewinnt auch als Kreuzfahrt-

terminal zunehmend an Bedeutung. In 2010 werden über 100 dieser Riesendampfer im Hafen anlegen, begleitet von den Wasserfontänen der zwei Löschboote der Feuerwehr Hamburg. Ein drittes ist Reserveboot und dient zur Ausbildung.

Doch die Feuerlöschboote haben eine größere Aufgabe als die, Kreuzfahrttouristen puschelige Hafenromantik zu vermitteln und sie beim Ausschiffen tüchtig nasszuspritzen. Mit leistungsstarken Feuerlöschkreiselpumpen und Sonderstrahlrohren können sie Brände von der Wasserseite aus bekämpfen, doch überdies auch beim Löschen von Großbränden an Land eingesetzt werden. Wichtig, weil die Löschboote natürlich trinkwasserunabhängig Löschwasser pumpen können. Die Kosten für Feuerlöschboote sind jedoch erheblich, weshalb sich nur Großstädte mit industriell genutzten Hafenanlagen wie beispielsweise Hamburg deren Betreibung überhaupt leisten können.

15.20 Uhr

Einsatz Königin. Ein Ast hängt quer in einer der teuersten Wohnalleen der Stadt. Diese Einsatzmeldung wird mit einem „Kobragesicht" quittiert. Der Maschinist der Königin sieht auf den ersten Blick keine Gefahr, höchstens für den Lack der Luxuslimousinen, die am Straßenrand parken, und lässt sich dann in einer sündhaft teuren Großbürgerwohnung auf dem Riesenbalkon den Ast zeigen. Kommt wieder runter. Er gehört zur wortkargen Sorte und nickt seinem Einsatzleiter nur zu. Doch was los. Der holt die Kettensäge, steigt in den Korb und lässt sich 8 Meter hochfahren. Die Pols sperren die belebte Straße ab und kassieren Autofahrer-Flüche, die sie noch nicht mal ignorieren. 48 Minuten später ist alles säuberlich abgesägt und weggeräumt und der Einsatzleiter aufgrund der körperlichen Anstrengung klitschnass. Tatsächlich saß nicht nur der Ast, sondern die Baumkrone wackelig. Manchmal meldet die Bevölkerung auch eine Gefährdung, die keine ist. Trotzdem bedanken sich Feuerwehrleute und Rettungsassistenten für jeden eingangenen Hinweis. In diesem Fall hätte beispielsweise schon der nächste Windstoß Menschen gefährden können.

16.20 Uhr

Einsatz RTW mit NEF. Ein Mann mittleren Alters klagt über Atemnot. Die kleine Wohnung liegt im fünften Stock, kein Fahrstuhl, enges Treppenhaus: Feuerwehrleute/Rettungsassistenten können sich blitzschnell in jedem Umfeld orientieren. Der Mann ist sichtlich überrascht über seine eigene Schwäche. Ein Herzinfarkt ist in vollem Gange. Jeder Helfer ist ruhig. Konzentriert. Freundlich. Die Erstversorgung findet in der Küche statt, dann geht es mit dem Stuhl vorsichtig, aber zügig auf den RTW und sofort in die Notaufnahme. Der Mann hatte niemanden, den er anrufen wollte. Dabei wirkt er sympathisch und nett, die kleine Wohnung ist ansprechend und sauber. Beispiel für die völlig überflüssige Vereinsamung der Großstädter? überlegen die Rettungsassistenten.

16.22 Uhr

Einsatz HLF. Vermutetes Verbrechen. Die Pols sind schon vor Ort. Es wird so laut an die Wohnungstür geklopft, das nebenan die Scheiben klirren. Keine Reaktion. Ein aggressiver, jedoch kranker Bewohner wurde seit Tagen nicht mehr gesehen. Die Nachbarn warten ängstlich. Er war wenig beliebt, doch tot möchte man ihn ja auch nicht sehen. Türschloss und Tür sind hartnäckig, ein Teil des Löschzugs versucht den Zugang über

den Balkon, Fehlanzeige. Endlich ist die Tür aufgebrochen. Verwesungsgestank. Die Anzeige ging an die Pols, deswegen gehen sie als Erste rein, kommen zurück, berichten von einer Leiche. Die Feuerwehrleute folgen. Eine verwahrloste Trinkerwohnung. Flaschen liegen überall, Zimmerfenster sind geschlossen, es riecht ekelhaft süßlich. Die Leiche liegt im Wohnzimmer, auf einem schrecklich verdreckten Bett. Der Fahrzeugführer will nicht aufgeben. Er rüttelt an der Leiche, immer wieder, spricht mit ihr, Kommandoatmung wird versucht. Wie aus einem Zombiefilm schreckt die Leiche plötzlich auf und ist wieder recht lebendig, sogar ansprechbar. Vom Lärm der letzten 20 Minuten hat sie nichts mitbekommen.

17.50 Uhr

Einsatz RTW. Frau bewusstlos im Bad. Streng zurückgekämmtes Haar, zierlich, einfach aber elegant angezogen, Ende 60. Ihr Mann ist offensichtlich ein Künstler. Er ist völlig entsetzt über den Schwächeanfall, raucht Kette. Sie reden sich mit Kosenamen an. Sie war Balletttänzerin, er Regisseur. Um sich um die Enkelkinder zu kümmern und der Tochter, einer Ärztin, den Rücken freizuhalten, zogen sie vor einigen Jahren nach Hamburg. Sie kennen niemanden hier. Die Frau kann sich vor Schmerzen kaum halten. Sie muss unbe-

dingt in die Notaufnahme, will ihren Mann aber nicht allein lassen. Ein bescheidenes, feines, überaus höfliches Paar, das hoffentlich viel Schönes im Leben erlebt und sicherlich viel Schönes geschaffen hat. Er überredet sie ins Krankenhaus zu gehen. 4 Stunden später findet das gleiche RTW-Team die Frau noch immer in der Notaufnahme. Kein Arzt hatte bisher Zeit für sie. Da haben es die Besoffenen leichter.

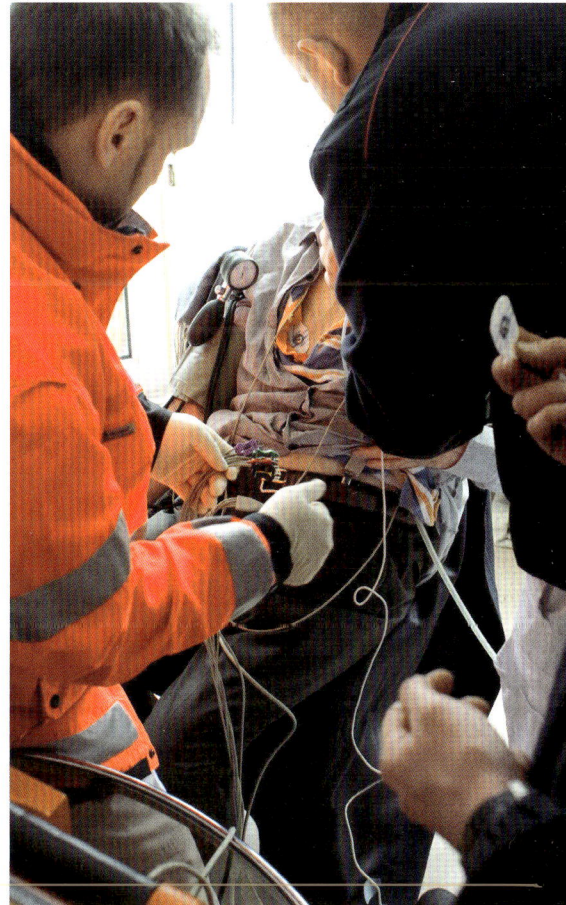

17.55 Uhr

Einsatz RTW. Junger Mann gestürzt. Sein linkes Bein ist eine einzige Schmerzzone. Eine Manschette wird angelegt, die sich aufbläst und Knie und Knöchel ruhig stellt. Er ist Schauspieler, auf dem Weg zu einer Inszenierung. Da die Schmerzen so groß und die nächste Notaufnahme nur 2 Minuten Fahrzeit entfernt ist, wird der Kranke nur erstversorgt und sofort transportiert. Er ist atemlos vor Schmerz. Leider zu Recht. Sein linker Fuß ist an allen unmöglichen Stellen gebrochen, ein Infekt droht überdies. Für den freiberuflichen Schauspieler entfaltet sich hier gleich das zweite Drama: Der Sturz könnte einen Berufswechsel erforderlich machen.

18.02 Uhr

Einsatz HLF. Küchendecke droht einzufallen. Tatsächlich ist es nur eine Latexschicht auf der Decke, die sich wegen eines Wasserschadens aufgebläht hat wie der Hindenburg-Zeppelin. Die Feuerwehrleute tragen den Küchennippes in den Flur und prüfen vorsichtig, was sich hinter diesem Ballon verbirgt. Luft, kein Wasser, Entwarnung. Die elegante Bewohnerin ist glücklich und bedankt sich sehr. Als die Feuerwehrleute den Küchennippes wieder einräumen wollen, werden sie liebevoll herauskomplimentiert.

18.40 Uhr

Einsatz HLF. Nicht identifzierbarer Geruch im Krankenhaus. Der Alptraum schlechthin! Der Angriffstrupp bekommt gleich bei Fahrtantritt den Einsatzbefehl, die Kameraden vom Löschtrupp, die ihnen gegenübersitzen, kontrollieren den korrekten Sitz der Ausrüstung. Das alte Krankenhaus ist riesig, der Einsatzort wird erst auf Nachfrage gefunden. Der Fahrzeugführer sondiert mit den Kollegen vom B-Dienst das Terrain. Der Angriffstrupp trägt Masken. Man hört jeden Atemzug. Der Atem geht ruhig. Sehr ruhig. Wenn sie jetzt aufgeregt sind, ist es daran nicht auszumachen. Dann kommt die Entwarnung: Ein Plastiküberzug einer Leuchtstoffröhre hatte sich erwärmt und für beträchtlichen Gestank in der Intensivstation gesorgt. Alle sind erleichtert. Die nervliche Anspannung der letzten 15 Minuten löst sich sofort.

Barbecue ist bei der Feuerwehr immer eine gemeinschaftliche Veranstaltung, ein Come-together, zu dem jeder herzlich willkommen ist. Alle packen mit an, und Kollegen kommen schon auch mal in ihrer Freizeit.

Auch wenn sie damit ein Vorurteil erfüllen – Feuerwehrleute lieben es, am Grill zu stehen. Sie lieben saftiges Fleisch, herzhafte Marinaden, feurige Dips. Am liebsten unter freiem Himmel.

Da darf es gerne mal eine Megaportion mehr sein.

BBQ **Glut und Asche**

Rezepte für 4 Personen

Marinierte Spareribs

Gegrilltes Kotelett mit Kräuterbutter

Marinierte Spareribs

2 kg Spareribs

2–3 cm frischer Ingwer

2 TL getrockneter Oregano

1 TL getrocknetes Basilikum

1 TL getrockneter Thymian

3 EL brauner Zucker

2 EL Paprikapulver

½ TL gemahlener Koriander

½ TL gemahlener Lorbeer

½ TL gemahlener Zimt

1 EL Zwiebelpulver

1 EL Knoblauchpulver

2 TL Tabasco

1 EL Senf

2 EL Honig

50 ml Cola

2 EL Speiseöl

Den Ingwer schälen und fein reiben und mit den anderen Zutaten gründlich zu einer Marinade verrühren. Die Spareribs darin für mindestens 2 Stunden marinieren. Das fertig marinierte Fleisch auf dem heißen Grill circa 10 Minuten grillen. Dabei öfter wenden. Die Ribs sollten eine glänzend goldene Farbe erhalten.

Björns Tipp:

Beim Grillen darauf achten, dass keine Marinade oder Öl direkt auf die Kohlen tropfen können. Hierbei können schädliche Gase entstehen. Auch wenn es als „unmännlich" gilt: das Benutzen einer Aluschale oder Alufolie schafft hier Abhilfe.

Gegrillte Koteletts mit Kräuterbutter

Asia Wings

4 Koteletts	1 Zwiebel
1 Rosmarinzweig	3 glatte Petersilienstängel
2 Thymianzweige	1 EL Senf
2 EL Olivenöl	Salz und frisch gemahlener schwarzer Pfeffer
100 g weiche Butter	
2 Knoblauchzehen	

2 kg Hähnchenflügel	30 g brauner Zucker
2 Knoblauchzehen	30 ml Sojasauce
3 cm frischer Ingwer	150 ml süßsaure Sauce
4 Stangen Zitronengras	50 ml Tsingtao-Bier
2 rote Chilischoten	

Die Koteletts mit Salz und Pfeffer würzen. Die Blätter bzw. Nadeln von den Kräuterzweigen abstreifen und fein hacken. Je 1 Esslöffel von Rosmarin und Thymian für die Kräuterbutter beiseitestellen, die restlichen Kräuter mit dem Olivenöl mischen. Die Fettschicht der Koteletts mit einem scharfen Messer mehrmals einschneiden, dadurch wellt sich beim Grillen das Fleisch nicht unschön an den Seiten hoch. Das Fleisch mit dem Kräuteröl einpinseln und bis zum Grillen kühl stellen. Die Butter schaumig schlagen und mit Salz und Pfeffer würzen. Den Knoblauch schälen und durch die Knoblauchpresse pressen, die Zwiebel ebenfalls schälen und sehr fein würfeln. Die Petersilie waschen, trocken schütteln und fein hacken. Mit dem beiseitegestellten Thymian und Rosmarin sowie dem Senf, dem Knoblauch und den Zwiebeln zu der schaumigen Butter geben, alles gut verrühren und mit Salz und Pfeffer abschmecken. Die Masse auf ein ausreichend großes Stück Alufolie geben und zu einer Rolle formen. Die Enden wie bei einem Bonbon zusammendrehen und für 2 Stunden kalt stellen. Die Koteletts auf dem Grill bei mittlerer Hitze von beiden Seiten in etwa 10 Minuten fertig grillen. Mit einem dicken Stück Kräuterbutter belegt servieren.

Knoblauch, Ingwer und Zitronengras schälen. Den Knoblauch durch die Presse drücken, den Ingwer fein reiben und das Zitronengras fein hacken. Die Chilis waschen, entkernen und ebenfalls fein hacken. Mit den anderen Zutaten in einer Schüssel gründlich vermischen und die Hähnchenflügel darin für 1 Stunde marinieren.

Die Hähnchenflügel dann aus der Marinade nehmen und in circa 15–20 Minuten fertig grillen. Dabei mehrmals wenden. Damit das Fleisch nicht zu trocken wird und eventuell verbrennt, sollte man die Wings immer im Auge behalten und diese eher bei mittlerer Temperatur grillen.

🔥 Björns Tipp:

Beim Verarbeiten von Geflügel muss ganz besonders auf Hygiene geachtet werden, um Salmonellen vorzubeugen. Messer und Schneidbrett müssen blitzsauber sein. Geflügel sollte besonders im Sommer immer gekühlt sein und erst direkt vor dem Grillen aus dem Kühlschrank geholt werden.

Wassermelonen-Tabasco-Chutney

¼ Wassermelone

⅛ Honigmelone

3 cm frischer Ingwer

1 Schalotte

1 Knoblauchzehe

¼ Bund frische Minze

1 EL Sojasauce

1 EL Limettenöl

2 TL Tabasco

Salz und frisch gemahlener schwarzer Pfeffer

Wassermelone und Honigmelone schälen und würfeln. Ingwer, Schalotte und Knoblauchzehe ebenfalls schälen, den Ingwer fein reiben, die Schalotte und den Knoblauch fein würfeln. Die Minze waschen, trocken schütteln und in feine Streifen schneiden. Alle Zutaten bis auf die frische Minze fein pürieren, mit Salz und Pfeffer abschmecken und mit Minzstreifen verfeinern.

 **Björns Tipp:**

Dieses Chutney passt sehr gut zu frischem Gemüse. Besonders im Sommer verleiht es eine angenehme Frische und Leichtigkeit. Selbst in der kalten Jahreszeit ist es ein Energie- und Geschmacksbooster. Es ist einfach und günstig herzustellen und sehr vielseitig kombinierbar. Lässt man Knoblauch, Limettenöl und Sojasauce weg, so erhält man einen erfrischenden Vitamindrink. Dazu einfach mit Melonensaft oder frischem Orangensaft auffüllen. Man kann den fertigen Saft auch in Eiswürfelbehälter füllen und einfrieren. So lässt sich zum Beispiel Eistee verfeinern.

Jerk-Marinade

1 ½ EL Chilipulver	1 EL gemahlener Zimt
1 ½ EL grobes Meersalz	½ TL Nelken
2 EL Zwiebelpulver	4 EL Schnittlauchröllchen
2 EL Knoblauchpulver	1/2 TL frisch geriebene Muskatnuss
2 EL gemahlener Koriander	
2 EL gemahlener Ingwer	1 EL frisch gemahlener schwarzer Pfeffer
1 EL gemahlener Piment	
1 EL getrockneter Thymian	2–3 EL Speiseöl (kein Olivenöl)

Alle trockenen Zutaten in einen Mörser geben und sehr fein mahlen. Die fertige Mischung mit Öl mischen und das zu marinierende Fleisch für mindestens 1 Stunde darin einlegen. Das fertig marinierte Fleisch auf dem Grill je nach Art des Gargutes fertig garen.

Spicy-Asia-Marinade

2 Knoblauchzehen	2 EL Erdnussöl
2 Schalotten	1 EL Garnelenpaste
6 rote Chilischoten	2 EL Zucker
2 Tomaten	Salz

Knoblauch und Schalotten schälen und fein hacken. Die Chilis waschen, entkernen und ebenfalls fein hacken. Die Tomaten vierteln und das Fruchtfleisch entfernen. Zwiebel- und Knoblauchwürfel in Erdnussöl glasig anschwitzen, die restlichen Zutaten zugeben und einmal aufkochen. Fein pürieren, mit Salz abschmecken und völlig auskühlen lassen.

 **Björns Tipp:**

Diese Marinade passt besonders gut zu Hähnchenbrustfilet, Hähnchenflügel, Riesengarnelen, Schweinelende, Lachssteak, T-Bone-Steak, Hackspieß, Frikadellen, Miniburgern, Hähnchenkeulen und Kartoffelecken. Die Würzmischung Jerk kommt ursprünglich aus Jamaika und ist dort genau wie in der restlichen Karibik weit verbreitet. Hier wird das Fleisch traditionell in alten, aufgeschnittenen Ölfässern gegrillt. Jerk- Gerichte sind gut für große Veranstaltungen, spontane Grillfeste oder ausgiebige Brunchs geeignet.

 **Björns Tipp:**

Diese Marinade eignet sich besonders gut zum Marinieren von Chicken Wings, Hähnchenbrustfilet, Lachssteak, Riesengarnelen und Thunfisch.

Selbst gemachte Gewürz-Pommes-frites

10 mehligkochende Kartoffeln
1 EL Curry
½ TL Paprikapulver
½ EL Cayennepfeffer
1 TL Zwiebelpulver
½ TL Knoblauchpulver
ca. 1,5 l Öl zum Frittieren
**Salz und frisch gemahlener
schwarzer Pfeffer**

Die Kartoffeln schälen und in etwa 6 Zentimeter lange und 2 Zentimeter dicke Stücke schneiden. Curry, Paprikapulver, Cayennepfeffer, Zwiebelpulver, Knoblauchpulver, Salz und Pfeffer in einer Schüssel gründlich miteinander vermischen und beiseitestellen.

Ausreichend Öl in einer Fritteuse oder in einem Topf erhitzen, die rohen Pommes frites darin frittieren, bis sie eine schöne goldbraune Farbe haben. Herausnehmen, auf Küchenpapier abtropfen lassen und mit der Gewürzmischung überziehen.

 **Björns Tipp:**

Bei der Zubereitung darauf achten, dass nicht zu viele Pommes auf einmal frittiert werden. Denn sonst sinkt die Temperatur im Öl und die Kartoffeln saugen sich mit zu viel Fett voll. Kartoffeln mit hohem Stärkegehalt eignen sich besonders gut.

Remoulade

2 Eigelb

3 Spritzer Worcestershire-sauce

1 EL Weißweinessig

1 TL Senf

200 ml Olivenöl

4 Sardellenfilets

2 EL Kapern

80 g Cornichons

¼ Bund glatte Petersilie

¼ Bund Estragon

¼ Bund Kerbel

1 Prise Cayennepfeffer

1 Schuss Gurkenwasser

Salz und frisch gemahlener schwarzer Pfeffer

Eigelbe mit Worcestershiresauce, Essig und Senf in ein hohes Gefäß geben und mit dem Stabmixer aufschlagen. Das Öl unter ständigem Rühren langsam in einem dünnen Strahl einlaufen lassen. Zu einer cremigen Konsistenz verarbeiten. Die Sardellenfilets, die Kapern und die Cornichons abtropfen lassen. Sardellen fein hacken, die Cornichons fein würfeln. Die Kräuter waschen, trocken schütteln und ebenfalls fein hacken. Alles unter die Remoulade heben, mit Cayennepfeffer, Gurkenwasser, Salz und Pfeffer abschmecken.

 **Björns Tipp:**

Die Remoulade wegen des rohen Eigelbs noch unbedingt am selben Tag verbrauchen.

Trüffelmayonnaise

Aïoli

2 Eigelb
1 Spritzer Zitronensaft
1 TL Trüffelöl

Salz und frisch gemahlener weißer Pfeffer

2 Eigelb
1 Spritzer Worcestershiresauce
1 EL Weißweinessig
½ TL Senf
200 ml Olivenöl

5 Knoblauchzehen
Cayennepfeffer
Salz und frisch gemahlener schwarzer Pfeffer

Das Eigelb in einem hohen Gefäß mit dem Pürierstab aufmixen. Dabei den Mixstab erst ganz in das Gefäß stecken und dann nach und nach langsam hochziehen. Diesen Vorgang einige Male wiederholen, denn dabei wird Luft unter die Masse geschlagen. Zitronensaft, Salz und weißen Pfeffer zugeben, die Masse weitermixen und gleichzeitig von oben das Trüffelöl in einem dünnen Strahl einlaufen lassen, bis die Masse cremig ist und ihr Volumen verdoppelt hat. Bei Bedarf mit Salz und weißem Pfeffer nachwürzen.

Eigelb mit Worcestershiresauce, Essig und Senf in einem hohen Gefäß aufschlagen. Das Öl langsam in einem dünnen Strahl einlaufen lassen und alles zu einer cremigen Konsistenz aufschlagen. Den Knoblauch schälen und fein würfeln, unterheben und mit Salz, Pfeffer sowie Cayennepfeffer abschmecken.

 **Björns Tipp:**

Olivenöl kann in einem dünnen Strahl nachgegossen werden, wenn die Mayonnaise bereits den richtigen Geschmack, aber noch nicht die richtige Konsistenz erreicht hat.

 Björns Tipp:

Alternativ kann der Knoblauch auch nur grob gehackt und zusammen mit den anderen Zutaten püriert werden.

So grillen die Profis:
10 Tipps von der Feuerwehr

1. Der richtige Ort im Freien ist wichtig: Die Wärmestrahlung muss abziehen können. Also kein Carport oder Schuppen, kein Balkon oder Plätze unter Holzdecken.

2. Der sichere Stand ist wichtig. Die Beine des Grills dürfen nicht abrutschen.

3. Grillmeister dürfen alles tragen außer Kunststofffasern. Diese schmelzen bei Annäherung an eine Wärmequelle. Resultat: ganz schlecht heilende Verletzungen.

4. Der Grill sollte nicht für großes Gerät wie Kochtöpfe zweckentfremdet werden.

5. Kleinkinder haben am Grill nichts zu suchen. Auch wenn es albern klingt: Ein mit Stühlen oder einer gespannten Leine markierter Sicherheitsabstand kann Ihrem Kind unter Umständen das Leben retten.

6. Die Grillkohlemenge muss der Grillgröße entsprechen. Vorsicht beim Einfüllen der Kohle: Kohlestücke können herausfallen.

7. Nur Anzünder aus dem Fachhandel verwenden.

8. Zum Wenden des Grillguts sollten Sie eine Gabel oder Zange benutzen. Eine Ablage fürs Grillbesteck nicht vergessen.

9. Nach der Verwendung Kinder nicht mit Stöckchen oder Papier an der Kohle „kokeln" lassen. Den Grill an einem sicheren Ort auskühlen lassen.

10. Wenn doch etwas schiefgeht: 112 anrufen. Sofort.

Hilfe, es brennt!
Tipps zum richtigen Verhalten im Brandfall

Wie verhalte ich mich jetzt? Feuerwehrleute verfallen nicht in Hektik. Nur so können sie die innere Ruhe bewahren, sich auf den Einsatz konzentrieren und Stolpern oder hektische Bewegungen vermeiden. Ruhe ist das Allerwichtigste.

1. Bleiben Sie ruhig.

2. Rufen Sie sofort den **Notruf 112**. Sie landen dann in der Leitstelle der Feuerwehr. Hier üben Feuerwehrleute und Rettungsassistenten ihren Dienst aus, die also sehr genau wissen, worum es geht. In Hamburg und vielen anderen Großstädten werden sie zusätzlich mit einem computergestützten System unterstützt. Folgende Fragen werden Ihnen gestellt:

Wo ist etwas passiert? Was genau ist passiert?
Wie viele Verletzte gibt es? Welche Verletzungen haben sie?

Warten Sie unbedingt in der Leitung. Die Kollegen sagen Ihnen, was zu tun ist, bis die Feuerwehr eintrifft.

3. Schließen Sie die Tür zum Zimmer mit dem Brandherd, damit sich die Flammen und der Rauch nicht weiter ausbreiten. Dichten Sie diese mit feuchten Tüchern ab.

4. Reißen Sie keine Türen auf. Dahinter könnte sich eine gefährliche Rauchschicht entwickelt haben. Die meisten Menschen verbrennen nicht bei einem Brand, sondern ersticken an den giftigen Rauchgasen. Außerdem sind Türgriffe und Türblätter so heiß, dass sie schwere Verletzungen verursachen.

5. Schließen Sie alle Fenster.

6. Wenn Sie die Anweisung bekommen haben, die Wohnung zu verlassen, dann benutzen Sie bitte unter keinen Umständen den Fahrstuhl.

7. Damit der Treppenraum rauchfrei bleibt und Ihre Nachbarn auch die Möglichkeit haben, sich über den Treppenraum zu retten, ist es sehr wichtig, die Wohnungseingangstür zu schließen.

8. Halten Sie sich im Treppenraum am Treppengeländer fest.

9. In der Hansestadt Hamburg gilt die 5-Minuten-Regel. Spätestens fünf Minuten nach Weiterleitung Ihres Notrufs an die zuständige Feuerwache werden Sie schon das Tatütata hören. Und dann geht es ganz schnell. Richten Sie sich in jedem Fall nach den Anweisungen der Feuerwehrleute.

10. Informieren Sie Ihre Nachbarn.

11. Besteht keine Möglichkeit, die Wohnung zu verlassen, gehen Sie ans Fenster. Öffnen Sie es und machen sich bemerkbar.

12. Investieren Sie in Brandmelder.

Wie geht Erste Hilfe?
Tipps zum richtigen Verhalten im Notfall

Da sowohl der Brandschutz als auch der Rettungsdienst in den Aufgabenbereich der Berufsfeuerwehr fallen, rufen Sie auch jetzt die Notrufnummer 112 an, wenn Sie einen Notfall melden wollen. Bis zum Eintreffen des geschulten Personals können Sie jedoch schon tatkräftig selbst helfen. Haben Sie keine Angst davor, denn die Kolleginnen und Kollegen aus der Notrufzentrale helfen Ihnen bereits am Telefon, während die Kollegen aus der Wache zu Ihnen fahren.

1. Rufen Sie sofort den **Notruf 112**. Die ausgebildeten Feuerwehrleute und Rettungssanitäter stellen Ihnen nun die gleichen Fragen wie bei einem Brand. Sie wollen wissen, wo sich etwas ereignet hat, was genau passiert ist, wie viele Verletzte oder Tote es gibt, welcher Art die Verletzungen sind. So kann der Disponent das geeignete Rettungsmittel alarmieren und entscheiden, ob auch ein Notarzt erforderlich ist.

2. Sie werden Sie bitten, am Telefon zu bleiben, denn während sie computergestützt die passenden Einsatzkräfte anfordern, helfen sie Ihnen dabei, Erste Hilfe zu leisten. Hören Sie ruhig und konzentriert zu.

3. Schauen Sie die Person genau an. Atmet sie? Dann hebt und senkt sich der Brustkorb. Sprechen Sie die Person an, auch etwas lauter. Prüfen Sie den Pulsschlag. Ist sie bewusstlos, legen Sie sie in die stabile Seitenlage.

4. Wenn die Person atmet und Sie vielleicht auch wahrnimmt, reden Sie mit ihr. Erklären Sie, was Sie tun, und dass die Rettungskräfte unterwegs sind. Das wirkt beruhigend. Auch auf Sie.

5. Wenn die Person nicht mehr atmet und Sie keinen Puls fühlen, beginnen Sie sofort mit der Herzdruckmassage. Verschränken Sie Ihre Handballen ineinander. Drücken Sie zügig 30-mal hintereinander auf das Brustbein, zwischen den Brustwarzen. Dann beatmen Sie die Person zweimal hintereinander. Dafür müssen Sie ihr die Nase zuhalten, selbst tief Luft holen und in den geöffneten Mund der Person pusten. Dann geht es sofort weiter mit der Druckmassage. Zählen Sie laut mit.

6. Blutungen müssen sofort gestillt werden, mit einem sauberen Tuch, das auf die Wunde gelegt wird. Steckt ein Gegenstand oder eine Waffe in der Wunde, diese auf keinen Fall entfernen, sondern das Tuch um den Gegenstand legen.

7. Hat die Person einen Schock, legen Sie sie auf den Rücken und lagern ihre Beine hoch. Dann gelangt mehr Blut ins Gehirn.

8. Bleiben Sie bei der Person, bis die Einsatzkräfte eintreffen.

9. Man kann bei der Ersten Hilfe eigentlich nichts verkehrt machen. Das Einzige, was man falsch machen kann, ist **nicht** zu helfen.

19.25 Uhr

Abendessen. Die Kollegen haben bereits gegessen, jemand hat feinen, selbst geräucherten Schinken spendiert. Für alle, die jetzt erst einfahren, stehen wieder liebevoll garnierte Teller, diesmal mit aufgefächerten Gewürzgurken und halbierten Cocktailtomaten auf dem Tisch, dazu Wasser und Gläser und **sehr** viel Schinken. Man erzählt sich Geschichten, die gut ausgegangen sind.

20.15 Uhr

Internet, Fernsehen mit Zigaretten, Filme ohne Zigaretten, Hobbys wie Fliegenfischköder basteln, Lesen – das sind die vier Alternativen. Die Abende werden in einer 24-Stunden-Schicht besonders geschätzt. Die Kollegen haben sich kurz vor 19 Uhr zum Schichtwechsel geduscht, in ihren Ruheräumen umgezogen und mit ihrer neuen Farbe – Blau oder Weiß – auch eine neue Identität angenommen. Wer jetzt weiß fährt, also auf dem Rettungswagen unterwegs ist, wünscht sich einen intelligenten Film. Die blaue Brigade ist thematisch frauentechnisch unterwegs.

20.22 Uhr

„Bauer sucht Frau" gegen Denzel Washington.

20.32 Uhr

Einsatz HLF. Feuer. Doch da nur ein Fahrzeug des dreiteiligen Vollzugs angefordert wird, schwindet die Spannung rasch. Tatsächlich handelt es sich um den Brand eines Bauarbeiterwagens. Da zwei junge Kollegen auf dem Löschzug sind, dürfen sie den Brand löschen. Die erfahrenen Kollegen tun so, als hätten sie Wichtiges zu tun, aber verlieren die Küken nicht für einen Moment aus den Augen. Den anderen immer wahrnehmen, darum geht es. Feuer ist lebensgefährlich.

22.18 Uhr

Einsatz HLF. Amtshilfe bei den Pols, Einbruch. Die Frau, um deren Wohnung es geht, ist jung, nett und hübsch. Ihre Wohnung wird abgesucht, als müsse das Goldene Vlies gefunden werden. Die junge Frau ist hingerissen. Sechs Jungs kümmern sich um sie und haben das berüchtigte Feuerwehr-Flirt-Gen aktiviert. Sie verspricht auf der Stelle, in Sichtweite der Feuerwache zu ziehen.

22.40 Uhr

Einsatz RTW. Komplikationen mit der Hüfte. Eine kleine Wohnung, ein altes Ehepaar. Er sitzt mucksmäuschenstill auf dem Badewannenrand, sie steht im Flur. Er ist frisch operiert an der Hüfte, sie schafft die Belastung nervlich nicht mehr. So im Vorbeigehen hängen die Rettungsassistenten die Badezimmertür aus, beruhigen die Ehefrau, holen den Transportstuhl, messen Blutdruck und Herzfrequenz und alarmieren das Krankenhaus. Die Selbstbeherrschung des alten Mannes, der vor Schmerzen schreien müsste, nötigt ihnen Respekt ab.

23.51 Uhr

Einsatz HLF1 und HLF2. Unfall auf der Autobahn. Ein Pkw wurde bei einem Auffahrunfall zwischen zwei Lastern eingeklemmt. Der Fahrer des auffahrenden Lasters ist nicht ansprechbar. Leichenteile werden gesucht und zugeordnet. Es gibt mehr Gliedmaßen als Personen. Der Pkw wird auseinandergezogen und entpuppt sich als Kleinbus. Insgesamt werden acht Leichen gefunden. Durch den Aufprall wurde das Fahrzeug zusammengeschoben. Die Feuerwehrleute können erst abziehen, wenn jedes Körperteil zugeordnet ist.

Fitness und Workout:
Muss sein, denn Schweres liegt immer oben

Was heißt Fitness? Ist ein Marathonläufer fit? Ein Bodybuilder? Ein Sprinter? Sie alle trainieren für die speziellen Anforderungen ihres Berufs oder Sports.

Ein Marathonläufer kann lange laufen. Aber wie sieht's mit der Kraft in den Oberarmen aus? Ein Sprinter geht ab wie Schmidts Katze, aber wie lange hält er durch? Ein Bodybuilder will Muskeln aufbauen. Seine Cardiofitness interessiert ihn weniger.

Feuerwehrleute müssen in allen Bereichen fit sein, denn ihr Beruf erfordert Muskeln, Ausdauer, Cardiofitness und Sprinterfähigkeiten.

Fitness hat überdies einen krankheitsvorbeugenden Charakter. Bei Feuerwehrleuten fällt dieser Aspekt aus mehreren Gründen besonders ins Gewicht:

1. Der Job geht von null auf 100 – das müssen Herz und Kreislauf schaffen, auch nachts oder mehrmals hintereinander.

2. Die Ausrüstung der Löschzüge liegt, aus Gründen, die niemand weiß, gewichtsmäßig von oben nach unten verteilt. Schwer liegt immer oben, sagen Feuerwehrleute. Das ist nicht gut für den Rücken.

3. Bei einem Einsatz in voller Montur und mit Atemschutzgerät müssen Feuerwehrleute schon mal 25 Kilogramm zusätzlich mit sich herumtragen, ohne aus der Puste zu kommen.

Brandoberinspektor Ingo Schwarz (35), austrainiert und stärkster Mann im Feuerwehrdorf, hat sechs Übungen entwickelt, die ohne Geräte und anderen Aufwand absolviert werden können und wirklich helfen.

1. Schon bei dieser einfachen Übung wird klar, worauf es ankommt: Anspannung, Dehnung, Streckung. Der Rücken bleibt gerade, während sich der Körper durch die Kraft der Arme hoch- und runterzieht. Diese Übung können Sie wiederholen, so oft Sie mögen.

2. Rechtes Bein anheben, linken Fuß über das rechte Knie, linken Arm auf den Boden, rechte Hand hinter das rechte Ohr legen. Den rechten Ellenbogen zum angewinkelten Knie führen. Wenn es brennt: Position beibehalten. Den Oberkörber zurück, den rechten Arm auf den Boden legen und durch Anziehen des rechten Beines das Becken vom Boden heben.

3. Ein fester Bauch ist gut für den Rücken! Oberkörper fest an den Boden drücken. Die Arme seitlich platzieren, die Hände liegen mit der Innenfläche nach unten. Die Beine durchgestreckt nacheinander heben.

4. Der Diagonalstrecker stärkt Rücken, Po und Schultern. Wichtig: Nicht ins Hohlkreuz gehen. Der Rücken muss so gerade sein, dass sich ein Tablett darauf abstellen ließe. Der ganze Körper ist hier angespannt, von den Zehen bis zum ausgestreckten Daumen. 30 Sekunden halten, dann einen runden Rücken machen, dann geht's von vorne los.

5. Liegestützen in gemein: Die Hände werden in Höhe des Oberbauchs platziert. Auch hier darauf achten, dass der Rücken sich nicht durchbiegt. Nach Ende der Übung in die Dehnung gehen. Das geht gut mit einem Katzenbuckel.

6. Für Fortgeschrittene ohne Rückenprobleme: Der Körper wird in der Dehnung von hinten nach vorne durchgezogen. Die Hände sind dabei seitlich in Unterbauchhöhe platziert und liegen mit der Handfläche nach innen auf. Die Beine etwas gespreizt aufstellen. Danach den Körper wieder in die Ausgangsstellung (rechtes Bild) zurückbringen.

Das kennen Sie wahrscheinlich auch, die 20, 30 Gerichte, die einfach jeder mag.
Die gibt's auch auf der Wache, als absolutes Must-have.

Ich kenne keinen Feuerwehrmann,
der irgendwann keine Lust mehr auf Pasta oder Pizza hat.

Beides hält ja wohl auch Leib und Seele zusammen und ist das persönliche Kopfkino.

DAUERBRENNER
Heißgeliebt & unersetzlich

Rezepte für 4 Personen

Pizza mit Bündnerfleisch

1 Pizzagrundteig
(Rezept Seite 80)

Tomatensauce
(Rezept Seite 80)

1 rote Zwiebel

2 Aprikosen

50 g Pecorino

100 g Rucola

6 Scheiben Bündnerfleisch

Salz und frisch gemahlener
schwarzer Pfeffer

Den Backofen auf 200 °C vorheizen. Den Pizzateig ausrollen und auf einem Blech verteilen, mit der Sauce bestreichen.

Die Zwiebel schälen und in feine Ringe schneiden, die Aprikosen waschen und in feine Spalten schneiden. Den Pecorino fein hobeln und den Rucola waschen und trocken schleudern. Zwiebelringe und Aprikosenspalten auf dem Boden verteilen, Pecorino darüberstreuen und mit Salz und Pfeffer würzen. Auf der mittleren Schiene im vorgeheizten Ofen 12–15 Minuten knusprig backen. Den Rucola sowie das Bündnerfleisch auf der noch heißen Pizza verteilen und sofort servieren.

Pizza mit Lachs

1 Pizzagrundteig
(Rezept Seite 80)

125 g Mascarpone

125 g saure Sahne

Saft von 1 Zitrone

½ Bund Schnittlauch

½ Bund Dill

2 rote Zwiebeln

300 g Räucherlachs

Salz und frisch gemahlener
schwarzer Pfeffer

Den Backofen auf 200 °C vorheizen. Den Pizzateig ausrollen und auf einem Blech verteilen.

Die Mascarpone mit der sauren Sahne und dem Zitronensaft verrühren. Schnittlauch und Dill waschen, trocken schütteln und fein hacken. Die Kräuter mischen und 2 Esslöffel davon beiseitelegen. Die übrigen Kräuter unter die Mascarpone-Sahne-Mischung rühren und mit Salz und Pfeffer abschmecken. Die Zwiebeln schälen und in dünne Ringe schneiden.

Die Hälfte der Masse auf dem Pizzaboden verstreichen, mit den roten Zwiebelringen belegen und für 12–14 Minuten im vorgeheizten Ofen auf der mittleren Schiene knusprig backen.

Währenddessen den Lachs in dünne Scheiben schneiden und auf der ofenfrischen Pizza verteilen. Die restliche Creme als kleine Kleckse auf den Lachs geben und mit den beiseitegelegten Kräutern bestreuen.

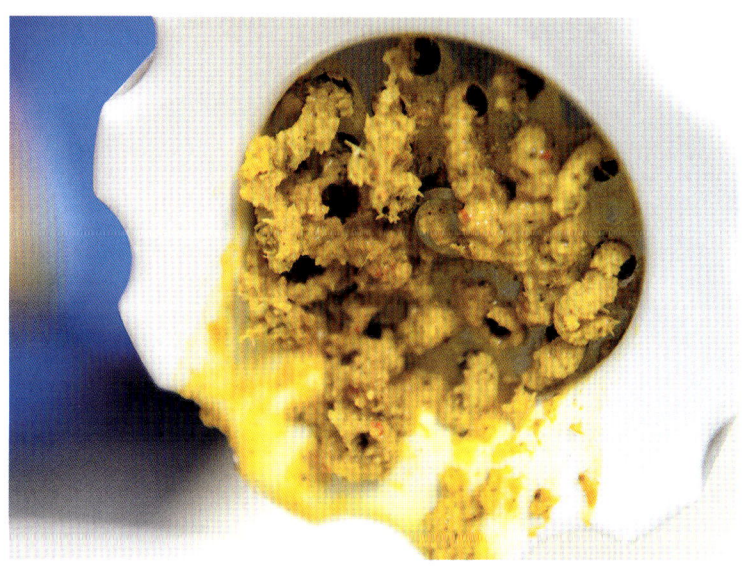

Pizza mit Antipasti

1 Pizzagrundteig (Rezept Seite 80)

Tomatensauce (Rezept Seite 80)

200 g eingelegte Paprikaschoten

2 EL eingelegte Peperoni

100 g eingelegte Zucchini

100 g eingelegte Aubergine

1 rote Zwiebel

250 g Büffelmozzarella

80 g schwarze Oliven

2 EL Kapernäpfel

Balsamicoglace zum Garnieren

Salz und frisch gemahlener schwarzer Pfeffer

Den Backofen auf 200 °C vorheizen. Den Pizzateig ausrollen und auf einem Blech verteilen, mit der Sauce bestreichen.

Das eingelegte Gemüse in feine Streifen schneiden, die Zwiebel schälen und in feine Ringe schneiden, den Mozzarella in Stücke zupfen. Alle Zutaten auf dem Pizzaboden verteilen und mit dem Mozzarella belegen. Auf der mittleren Schiene im vorgeheizten Backofen in 12–15 Minuten knusprig backen. Die Pizza mit Balsamicoglace beträufeln und sofort servieren.

Björns Tipp:

Übrig gebliebenes Gemüse von einem anderen Gericht lässt sich wunderbar für diese Pizza verwerten. Einfach in Scheiben schneiden und in einer Pfanne in etwas Olivenöl anbraten. Danach salzen und pfeffern und in eine Auflaufform schichten. Jeweils 2–3 Zweige frischen Thymian und Rosmarin zugeben und mit Olivenöl auffüllen, bis das Gemüse völlig bedeckt ist und keine Luft mehr darankommen kann. Fertig sind die selbst gemachten Antipasti. Das nach der Verwendung der Antipasti übrig bleibende Olivenöl kann man noch prima weiterverwenden, es hat dann einen angenehmen Geruch und Geschmack nach Thymian und Rosmarin. Balsamicoglace ist übrigens eine Reduktion aus Aceto Balsamico und Zucker, für deren Herstellung nicht der hochwertigste Essig verwendet wird, die aber dekorativ und vielseitig ist.

Bolognese

2 Zwiebeln

1 Knoblauchzehe

1 mittelgroße Karotte

2 EL Olivenöl

1 TL Tomatenmark

2 EL Weißweinessig

1 Prise Zucker

500 g Hackfleisch

250 g Cocktailtomaten

250 g stückige Tomaten aus der Dose

2 Rosmarinzweige

4 Thymianzweige

1 Lorbeerblatt

Salz und frisch gemahlener schwarzer Pfeffer

Zwiebeln, Knoblauch und Karotte schälen und fein würfeln. Das Öl in einer hohen Pfanne erhitzen und das gewürfelte Gemüse darin anrösten. Das Tomatenmark zugeben und kurz anrösten, mit dem Weißweinessig ablöschen und einer Prise Zucker würzen. Das Hackfleisch in die Pfanne geben und rundum anbraten.

Währenddessen die Cocktailtomaten waschen und vierteln und mit den stückigen Tomaten aus der Dose unterheben. Rosmarin, Thymian und Lorbeerblatt beigeben, mit Salz und Pfeffer kräftig abschmecken und für 1 Stunde bei geringer Hitze köcheln lassen.

Zur Bolognese gehört natürlich Pasta! Nach Belieben garen und dazu servieren.

Björns Tipp:

Wer es schärfer mag, sollte zwei rote Paprikaschoten sowie zwei rote Chilischoten waschen, entkernen und in Streifen schneiden. Mit dem Tomatenmark in die Pfanne geben und kurz mitbraten. Danach wie im Rezept beschrieben fortfahren.

Pasta mit karamellisierten Tomaten

Pasta mit Riesengarnelen und Petersilienpesto

133

Pasta mit karamellisierten Tomaten

500 g Spaghetti

500 g Cocktailtomaten

4 EL Olivenöl

1 Thymianzweig

1 Rosmarinzweig

Puderzucker zum Bestreuen

Salz und frisch gemahlener schwarzer Pfeffer

Die Pasta in reichlich gesalzenem Wasser al dente kochen. Abgießen und mit einem Schuss Olivenöl mischen.

Die Cocktailtomaten und die Kräuter waschen, Rosmarin- und Thymianblättchen vom Zweig streifen und klein hacken. Das restliche Olivenöl in einer Pfanne erhitzen, die Tomaten zugeben und schwenken. Thymian und Rosmarin zugeben und mit dem Puderzucker bestäuben. Mit Salz und Pfeffer würzen und weiterbraten. Dabei immer wieder in der Pfanne schwenken, damit sich der Zucker gleichmäßig auf den Tomaten verteilt. Weitergaren, bis die Tomaten anfangen leicht aufzuplatzen. Mit der Pasta vermengen und sofort servieren.

Björns Tipp:

Wer möchte, kann noch frittierten Rucola dazugeben oder eine Handvoll Trauben in der Pfanne erhitzen, leicht mit Zucker bestäuben und karamellisieren. Anschließend mit ein wenig Weißwein ablöschen.

Pasta mit Walnusspesto

500 g Bandnudeln

1 EL Olivenöl

8 Scheiben Serranoschinken

Pesto:

1 Bund glatte Petersilie

1 rote Chilischote

1 Knoblauchzehe

50 g Parmesan

100 g Walnusskerne

100 ml Olivenöl

50 ml Walnussöl

1 Prise Muskatnuss

Salz und frisch gemahlener schwarzer Pfeffer

Die Bandnudeln in reichlich Salzwasser und einem entsprechend großen Topf al dente garen. Abgießen und mit dem Olivenöl mischen. Den Schinken mit der Hand in feine Streifen zupfen und für das Anrichten beiseitestellen.

Die Petersilie waschen, trocken schütteln und grob hacken. Die Chili entkernen und ebenfalls grob hacken, den Knoblauch schälen und den Parmesan grob zerkleinern. Die Walnüsse in einer beschichteten Pfanne anrösten. Petersilie, Knoblauch und etwas Olivenöl mit dem Pürierstab fein pürieren, Walnüsse, Chili und Parmesan zugeben und unter Zugabe des restlichen Öls pürieren. Gegebenenfalls mehr Öl untermischen, bis die gewünschte Konsistenz entsteht. Mit Muskat, Salz und Pfeffer würzen.

Die Nudeln portionieren, etwas Pesto darübergeben und mit dem Serranoschinken belegt servieren.

Pasta mit Riesengarnelen und Petersilienpesto

500 g Spaghettini

4 EL Olivenöl

16 Riesengarnelen mit Schale

3 Knoblauchzehen

1 rote Chilischote

¼ Bund glatte Petersilie

Salz und frisch gemahlener
schwarzer Pfeffer

Petersilienpesto:

½ Bund glatte Petersilie

1 Sardellenfilet

2 EL Kapern

50 g Parmesan

100 ml Olivenöl

Salz und frisch gemahlener
schwarzer Pfeffer

Die Pasta in reichlich gesalzenem Wasser al dente kochen. Abgießen, mit etwas Olivenöl mischen und warm halten.

Die Riesengarnelen säubern und mit einem Küchentuch trocken tupfen. Den Knoblauch schälen und fein würfeln. Die Chili und die Petersilie waschen, die Chili entkernen und beides fein hacken. Das restliche Olivenöl in einer Pfanne erhitzen, Knoblauch und Chili zugeben und kurz schwenken. Die Riesengarnelen zugeben, mit Salz und Pfeffer würzen und von beiden Seiten knusprig anbraten. Zuletzt die glatte Petersilie unterheben und noch einmal kurz schwenken.

Die Petersilie für das Pesto waschen, trocken schütteln und grob zerkleinern. Das Sardellenfilet abtropfen lassen und ebenfalls grob zerkleinern. Mit den Kapern und dem Parmesan in einem Mixer fein pürieren, nach und nach das Öl einfließen lassen und zum Schluss mit Salz und Pfeffer abschmecken. Die Pasta mit einer Gabel ringförmig aufdrehen und auf die Teller verteilen. Riesengarnelen darauflegen und das Pesto um die Pasta geben.

Tagliatelle-Salat mit Rosmarinfeigen

500 g Tagliatelle

2 EL Olivenöl

6 EL getrocknete Steinpilze

1 Schalotte

5 getrocknete Feigen

4 cl Rotwein

8 cl weißer Portwein

100 ml Kalbsfond

2 Rosmarinzweige

100 ml Sahne

50 g Parmesan

Salz und frisch gemahlener schwarzer Pfeffer

Die Tagliatelle in reichlich Salzwasser und einem entsprechend großen Topf al dente garen. Abgießen und mit etwas Olivenöl mischen.

Die Pilze in 200 Millilitern kaltem Wasser einweichen, die Schalotte schälen. Beides ebenso wie die Feigen fein würfeln. Die Schalottenwürfel in dem restlichen Olivenöl glasig anschwitzen, Pilze und Feigen zugeben und kurz mitbraten. Mit den Weinen ablöschen und mit Fond und der Hälfte des Pilzwassers aufgießen. Um ein Drittel reduzieren. Rosmarinzweige und Sahne zugeben und abermals um ein Drittel reduzieren. Rosmarinzweige entfernen. Mit Salz und Pfeffer abschmecken und über die Tagliatelle gießen. Gut vermengen und mit frisch gehobeltem Parmesan garnieren.

Björns Tipp:

Sie sollten auf getrocknete Pilze zurückgreifen, wenn Sie Saucen oder Suppen kochen, denn das Einweichwasser verleiht ein intensives, extrawürziges Aroma. Also auf keinen Fall wegschütten! Getrocknete Steinpilze erhält man in allen Supermärkten. Möchte man die Pilze jedoch im Ganzen genießen, sollte man frische Ware verwenden.

Rucolasalat mit Bacon und Pinienkernen

8 Scheiben Bacon

2 rote Zwiebeln

12 Cocktailtomaten

300 g Rucola

1 EL Olivenöl

4 Thymianzweige

2 EL Pinienkerne

40 g Parmesan

Dressing:

½ Knoblauchzehe

4 EL Aceto Balsamico

2 EL Olivenöl

1–2 TL Aprikosenmarmelade

Salz und frisch gemahlener schwarzer Pfeffer

Den Bacon in einer heißen Pfanne braten. Herausnehmen und auf Küchenpapier abtropfen lassen. Die Zwiebeln schälen und achteln, die Cocktailtomaten waschen und vierteln. Den Rucola ebenfalls gründlich waschen und trocken schleudern.

Das Olivenöl in die Pfanne geben und die Zwiebeln zusammen mit den Thymianzweigen und den Pinienkernen bei mittlerer Hitze etwa 5 Minuten anbraten, bis die Zwiebeln leicht braun sind. Bacon wieder mit in die Pfanne geben und warm werden lassen.

Den Knoblauch schälen und fein würfeln und mit den übrigen Zutaten des Dressings in einem hohen Gerät aufmixen. Abschmecken.

Den Salat mit dem Dressing in einer großen Salatschüssel mischen. Die Zutaten aus der Pfanne zugeben und unterheben. Auf Tellern verteilen, die Tomatenviertel anlegen und mit frisch gehobeltem Parmesan servieren.

Caesar-Salad mit Huhn

600 g Römersalatherzen
600 g Hähnchenbrustfilet
2 EL Olivenöl
100 g Parmesan
Salz und Steakpfeffer

Dressing:
1 Knoblauchzehe
2–3 Sardellenfilets
2 EL Worcestershiresauce
2 EL Zitronensaft
2 Eigelb
6 EL Olivenöl
½ Bund glatte Petersilie
50 g Crème fraîche
Salz und frisch gemahlener schwarzer Pfeffer

Croûtons:
4 Scheiben Toastbrot
4 EL Olivenöl
½ Chilischote

Den Salat putzen, in mundgerechte Stücke zupfen und in eine Schüssel geben. Die Hähnchenbrustfilets unter kaltem Wasser abwaschen und trocken tupfen. In einer heißen Pfanne in Olivenöl scharf anbraten, mit Salz und Steakpfeffer würzen. Das Fleisch schräg in feine Streifen schneiden und warm halten.

Für das Dressing Knoblauch, Sardellen, Worcestershiresauce, Zitronensaft und Eigelb in ein hohes Gefäß geben und pürieren. Das Olivenöl in einem dünnen Strahl einlaufen lassen, mit Salz, Pfeffer und Zitronensaft abschmecken. Die Petersilie waschen, trocken schütteln und fein hacken. Zusammen mit der Crème fraîche vorsichtig unterheben.

Toastbrot entrinden, fein würfeln und in dem Öl anbraten. Die Chili waschen, entkernen und klein hacken. Zu den Toastwürfeln geben und durchschwenken. Fertige Croûtons zum Salat geben.

Den Salat mit dem Dressing mischen, auf Tellern anrichten und mit den Hähnchenbruststreifen, dem frisch gehobelten Parmesan und den Croûtons garnieren.

Matjestatar mit Avocado

500 g Matjesfilet

2 Gewürzgurken

1 Zwiebel

2 Äpfel

2 Kapern

1 TL Senf

2 reife Avocados

Saft und Abrieb von 1 Bio-Limette

2 EL Olivenöl

2 Frühlingszwiebeln

2 Tomaten

Zucker

½ Bund Kerbel

Salz und frisch gemahlener schwarzer Pfeffer

Die Matjesfilets und die Gewürzgurken fein würfeln, die Zwiebel und die Äpfel schälen und ebenfalls fein würfeln. Die Kapern hacken. Alles mischen, den Senf zugeben und mit Salz und Pfeffer abschmecken.

Die Avocados schälen und die Steine entfernen. Die Hälfte des Fruchtfleisches mit dem Limettensaft und dem Olivenöl fein pürieren. Den Limettenabrieb zugeben. Das übrige Fruchtfleisch fein würfeln. Frühlingszwiebeln putzen und in feine Ringe, die Tomaten in feine Würfel schneiden. Das Püree nun in einer Schüssel mit den Avocado- und Tomatenwürfeln sowie den Lauchringen mischen. Mit einer Prise Zucker, Salz und Pfeffer abschmecken. Zum Schluss den Kerbel waschen, trocken schütteln, klein schneiden und unterheben.

 **Björns Tipp:**

Für Tatar sollten Sie frischen Matjes guter Qualität kaufen. Das Fleisch sollte innen rosa sein und die Haut eine silberne Farbe haben. Riecht der Fisch tranig und weist eine Graufärbung auf, sollten Sie vom Kauf Abstand nehmen. Auch die in vielen Supermärkten angebotenen abgepackten Matjesfilets in Öl sollten Sie nicht verwenden, da ihnen unter anderem Säurungsmittel zugesetzt wurde und der Geschmack des Fischs sehr darunter leidet.

Matjestatar mit Schwarzbrot

8 Matjesfilets

1 rote Zwiebel

½ Bund Radieschen

¼ Bund glatte Petersilie

½ Bund Dill zzgl. Dill zum Garnieren

2 EL Olivenöl

4 Cornichons

100 g Sauerrahm

1 Prise Zucker

1 Apfel

8 Scheiben Schwarzbrot

Salz und frisch gemahlener schwarzer Pfeffer

Die Matjesfilets fein würfeln. Die Zwiebel schälen, die Radieschen waschen und beides ebenfalls würfeln. Petersilie und den Dill waschen, trocken schütteln und fein hacken. Alles mit dem Öl in eine Schüssel geben, gründlich vermengen und mit Salz und Pfeffer abschmecken.

Die Cornichons ebenfalls würfeln und mit dem Sauerrahm glatt rühren. Mit Salz und einer Prise Zucker abschmecken. Den Apfel schälen, das Kerngehäuse ausstechen und den Apfel in feine Ringe schneiden.

Aus den Schwarzbrotscheiben kleine Kreise ausstechen. Je einen Schwarzbrotkreis auf einen Teller legen, mit etwas Sauerrahm bestreichen und etwas Matjestatar daraufgeben. Mit Apfelscheiben abschließen und die Schichten nochmals wiederholen. Zuletzt einen Klecks Sauerrahm auf das Matjestürmchen geben und mit Dill bestreuen.

Matjestatar mit Kartoffelcarpaccio und Roter Bete

500 g Matjesfilet
2 Gewürzgurken
1 Zwiebel
2 Äpfel
2 Kapern
1 TL Senf
400 g Kartoffeln
2 küchenfertige Rote Bete
2 EL Olivenöl
2 EL Weißweinessig
4 EL Fischfond
Saft und Abrieb von 1 Bio-Zitrone
¼ Bund Kerbel
**Salz und frisch gemahlener
schwarzer Pfeffer**

Die Matjesfilets und die Gewürzgurken fein würfeln, die Zwiebel und die Äpfel schälen und ebenfalls fein würfeln. Die Kapern hacken. Alles mischen, den Senf zugeben und mit Salz und Pfeffer abschmecken.

Kartoffeln in Salzwasser weich garen und noch warm schälen. Dann abkühlen lassen und mit der Roten Bete zusammen in dünne Scheiben schneiden. Überlappend auf den Tellern verteilen.

Für die Vinaigrette das Öl in einer Pfanne erhitzen. Mit Essig und Fischfond ablöschen. Zitronensaft und -abrieb zugeben und mit Salz und Pfeffer würzen. Zum Schluss den Kerbel fein schneiden, untermengen und die fertige Vinaigrette über das Carpaccio verteilen.

Labskaus

2 Zwiebeln
20 g Butter
200 g Kartoffeln
100 g Cornichons
200 g Matjesfilet
200 g küchenfertige Rote Bete
400 g Corned Beef
250 ml Milch
4 EL Rote-Bete-Saft
1 Prise Muskat
¼ Bund glatte Petersilie
Salz und frisch gemahlener schwarzer Pfeffer

Die Zwiebeln schälen und fein würfeln. Die Butter in einer Pfanne erhitzen, die Zwiebelwürfel darin farblos anschwitzen, aus der Pfanne nehmen und beiseitestellen.

Kartoffeln in Salzwasser garen und noch warm schälen. Cornichons und Matjesfilet abtropfen lassen und wie die Rote Bete und die Kartoffeln in feine Würfel schneiden. Das Corned Beef nun in der Pfanne anbraten und mit den Zwiebeln, den Cornichons, den Kartoffeln und der Roten Bete vermengen. Mit Milch und Rote-Bete-Saft aufgießen und mithilfe des Kartoffelstampfers zu einer sämigen Masse verarbeiten. Den Matjes unterheben und mit frisch geriebener Muskatnuss, Salz und Pfeffer würzen und abschmecken. Die Petersilie waschen, trocken schütteln, fein hacken und unterziehen.

 **Björns Tipp:**

Labskaus ist ein typisches Hamburger Gericht – ein hanseatischer Küchenklassiker. Ursprünglich ein schnelles Resteessen in der Segelschifffahrt, wird dieses Gericht mittlerweile mit Rote Bete verfeinert und mit Rollmops, Gewürzgurke und Spiegelei serviert.

Entenbrust auf Ananaschutney mit Nussbruch

4 Entenbrüste à 200 g

1 Knoblauchzehe

1 EL Butterschmalz

2 Rosmarinzweige

2 Thymianzweige

**Salz und frisch gemahlener
schwarzer Pfeffer**

Ananaschutney:

2 Babyananas

3 Schalotten

1 kleine rote Chilischote

2 EL Olivenöl

2 TL brauner Zucker

40 ml Aceto Balsamico bianco

200 ml Ananassaft

4 cl Rum

**Salz und frisch gemahlener
schwarzer Pfeffer**

Nussbruch:

40 g Cashewkerne

70 g Zucker

Die Haut der Entenbrüste rautenförmig einschneiden und von allen Seiten mit Salz und Pfeffer würzen. Den Backofen auf 120 °C vorheizen und die Knoblauchzehe schälen und andrücken. Butterschmalz in einer Pfanne erhitzen und Rosmarin, Thymian und Knoblauch zugeben. Dann die Entenbrüste darin zuerst 2 Minuten auf der Hautseite anbraten. Wenden und weitere 2 Minuten braten. Im vorgeheizten Backofen in Alufolie eingepackt etwa 20 Minuten garen, anschließend und auf der Arbeitsplatte ruhen lassen.

Für das Chutney die Babyananas und die Schalotten schälen und würfeln. Die Chili waschen, entkernen und klein hacken. Zusammen in einer Pfanne in Olivenöl anschwitzen, mit dem braunen Zucker bestreuen und karamellisieren lassen. Mit Balsamico und Rum ablöschen, den Ananassaft zugießen und sirupartig einkochen lassen. Mit Salz und Pfeffer abschmecken.

Die Cashewkerne in einer beschichteten Pfanne anrösten, auf einen Teller schütten und beiseitestellen. Den Zucker in derselben Pfanne bei mittlerer Hitze hell karamellisieren und die Kerne zugeben. Der Karamell sollte goldgelb sein, wenn die Nüsse zugegeben werden. Die Nüsse dann nur noch kurz durchschwenken und mit dem flüssigen Karamell benetzen. Auf einem Stück Backpapier dünn verteilen und auskühlen lassen. Anschließend in kleine Stücke zerbrechen.

Das Ananaschutney auf dem Teller anrichten, die Entenbrust danebensetzen und mit dem Nussbruch bestreuen.

Roastbeef

Roastbeef mit Kräuterkruste

1,5 kg Roastbeef mit Fettschicht

4 EL Butterschmalz

2 Schalotten

1 Knoblauchzehe

Salz und frisch gemahlener schwarzer Pfeffer

Den Backofen auf 120 °C vorheizen und das Butterschmalz in einem Bräter erhitzen. Das Roastbeef darin von beiden Seiten anbraten und mit Salz und Pfeffer würzen. Schalotten und Knoblauch schälen und vierteln und zu dem Roastbeef in den Bräter geben. In den vorheizten Backofen geben und etwa 30–40 Minuten garen. Aus dem Ofen nehmen und für 5 Minuten ruhen lassen.

Björns Tipp:

Roastbeef kann warm als Hauptgericht, aber auch kalt als Aufschnitt gegessen werden. Ich serviere es gerne warm mit frischen Bratkartoffeln und selbst gemachter Remoulade. Ein Klassiker. Bleibt Fleisch über, so wird dies am nächsten Morgen als Aufschnitt serviert oder für Roastbeefsandwichs zur Stärkung vor dem nächsten Einsatz verwendet.

100 g weiche Butter

100 g Toastbrot

2 Knoblauchzehen

1 Zwiebel

¼ Bund Rosmarin

¼ Bund Thymian

¼ Bund glatte Petersilie

1 EL Senf

1,5 kg Roastbeef mit Fettschicht

4 EL Butterschmalz

Salz und frisch gemahlener schwarzer Pfeffer

Die Butter schaumig schlagen und mit Salz und Pfeffer aus der Mühle würzen. Das Toastbrot reiben, den Knoblauch schälen und durch die Knoblauchpresse geben, die Zwiebel ebenfalls schälen und fein hacken. Die Kräuter waschen, trocken schütteln und klein hacken. Alles mit der Butter und dem Senf vermengen und mit Salz und Pfeffer abschmecken. Die Masse zwischen zwei Folien 5 Millimeter dick ausrollen und für 2 Stunden in den Kühlschrank stellen.

Den Backofen auf 120 °C vorheizen und das Butterschmalz in einem Bräter erhitzen. Das Roastbeef darin von beiden Seiten anbraten und mit Salz und Pfeffer würzen. In den vorgeheizten Backofen geben und etwa 30–40 Minuten garen. Währenddessen die Kräuterkruste in die entsprechenden Größe schneiden und 5 Minuten vor Garende auf das Fleisch geben. Unter dem heißen Backofengrill goldbraun überbacken.

Chicken Wings

Gulasch mit geräucherten Chilis

Chicken Wings

Rinderrouladen

1,2 kg Hähnchenflügel

1 Knoblauchzehe

2 cm frischer Ingwer

100 ml Orangensaft

20 ml Sojasauce

2 TL Cayennepfeffer

4 EL Honig

1 TL Tomatenmark

3 TL schwarze Pfefferkörner

Salz aus der Mühle

4 Rinderrouladen à 200 g

2 EL Dijonsenf

¼ Bund Rosmarin

¼ Bund Thymian

¼ Bund Salbei

¼ Bund glatte Petersilie

8 Scheiben Räucherspeck

2 EL Olivenöl

100 ml trockener Rotwein

100 ml roter Portwein

250 ml Rinderfond

4 EL Schwarze-Johannisbeeren-Konfitüre

2 EL Puderzucker

2 EL Speisestärke

Salz und frisch gemahlener schwarzer Pfeffer

Den Backofen auf 200 °C vorheizen, die Hähnchenflügel waschen und mit Küchenpapier trocken tupfen. Den Knoblauch schälen und in feine Streifen schneiden, den Ingwer ebenfalls schälen und fein hacken. Mit den übrigen Zutaten in einer Schüssel gründlich verrühren, in einen Gefrierbeutel füllen und die Hähnchenflügel zugeben. Verschließen, alles gut mischen und für 1 Stunde im Kühlschrank marinieren.

Die Hähnchenflügel auf ein mit Backpapier ausgelegtes Backblech geben und im vorgeheizten Backofen auf der mittleren Schiene etwa 30 Minuten knusprig garen.

Rouladen mit dem Senf einstreichen. Die Kräuter waschen, trocken schütteln, fein hacken und mischen. Auf jede Roulade zwei Scheiben Speck legen und ein Viertel der frischen Kräutermischung darauf verteilen. Zu einer Roulade aufrollen, mit Küchengarn binden und rundherum mit Salz und Pfeffer aus der Mühle würzen. Den Backofen auf 150 °C vorheizen. Das Olivenöl in einem Bräter erhitzen und die Rouladen darin von allen Seiten scharf anbraten. Aus dem Bräter nehmen und kurz beiseitestellen. Den Bratansatz mit Rotwein und Portwein ablöschen und den Fond mit der Konfitüre zugeben. Die Rouladen wieder unterrühren und im vorgeheizten Ofen auf der mittleren Schiene etwa 30 Minuten garen. Die Rouladen aus der Sauce nehmen und ruhen lassen. Den Zucker in einem Topf karamellisieren und die gesamte Bratensauce aufgießen. Bei mittlerer Hitze etwas einkochen lassen. Mit Salz und Pfeffer abschmecken und mit etwas in kaltem Wasser angerührter Speisestärke binden.

🔥 Björns Tipp:

Chicken Wings sind ein toller Begleiter zu frischen Salaten, Kartoffelecken oder Pommes. Wer möchte, kann die Wings auch mal indisch mit der Gewürzmischung Tandoori oder japanisch mit Teriyakisauce zubereiten.

Gulasch mit geräucherten Chilis

2 Zwiebeln

1 Knoblauchzehe

1 Bund Suppengrün

2 EL Pflanzenöl

800 g Rindergulasch

1 EL Mehl

80 g Tomatenmark

750 ml Rotwein
(z. B. Cabernet Sauvignon)

1,5 l Rinderbrühe

250 g Champignons

1 rote Paprika

1 grüne Paprika

1 gelbe Paprika

1 Prise Zucker

2–4 EL geräucherte
Chipotle-Chilis

1–2 EL Speisestärke

Salz und frisch gemahlener
schwarzer Pfeffer

Zwiebeln und Knoblauch schälen und fein hacken, das Suppengrün putzen, gegebenenfalls schälen und ebenfalls fein hacken. Pflanzenöl in einer großen beschichteten Pfanne bei mittlerer Hitze erwärmen, die Zwiebel- und Knoblauchstückchen zugeben und unter ständigem Rühren in 5 Minuten goldbraun anschwitzen. Inzwischen das Fleisch bemehlen, überschüssiges Mehl abklopfen, in die Pfanne geben und bei starker Hitze scharf anbraten. Tomatenmark in die Pfanne geben, anrösten und mit dem Rotwein ablöschen. Mit Brühe aufgießen und etwa 1 ½ Stunden köcheln lassen.

Die Champignons putzen und in Scheiben schneiden, die Paprikas waschen, entkernen und in feine Streifen schneiden. Alles in die Pfanne geben, mit einer Prise Zucker würzen und bissfest garen. Die Chipotle-Chilis sehr klein schneiden, zugeben und mit Salz und Pfeffer abschmecken. Speisestärke mit etwas kaltem Wasser anrühren und das Gulasch damit binden. Noch einmal aufkochen lassen und heiß servieren.

 **Björns Tipp:**

Bereiten Sie das Gulasch mit Bullenfleisch zu. Dieses sehr schön aromatische und mit mehr Fett durchzogene Fleisch ist eine prima Abwechslung zum herkömmlichen Rindergulasch. Zum Gulasch servieren Sie am besten Nudeln oder Kartoffeln. Wir essen in der Wache immer beides dazu.

Explodiertes Huhn

1 küchenfertiges
Suppenhuhn à 2,5 kg

2 cm frischer Ingwer

3 cm frischer Galgant

1 Bund Suppengrün

3 Stangen Zitronengras

1 Lorbeerblatt

4 Kaffirlimettenblätter

2 Kardamomkapseln

2 Sternanise

je 4 Koriander- und
weiße Pfefferkörner

200 g Champignons

100 g Thai-Spargel

100 g Erbsen

4 Chilischoten

500 ml Hühnerfond

3 EL Speisestärke

½ Bund Koriander

Salz und frisch gemahlener
schwarzer Pfeffer

Gewürzreis:

200 g Jasminreis

1 Zimtstange

2 Gewürznelken

2 Kardamomkapseln

Salz

Das Suppenhuhn säubern und grob zerteilen. Ingwer, Galgant und gegebenenfalls das Suppengrün schälen und klein schneiden. Zitronengras ebenfalls klein schneiden. Suppenhuhn mit dem klein geschnittenen Gemüse und allen Gewürzen in einen großen Topf geben, mit 2 Litern kaltem Wasser auffüllen und bei mittlerer Hitze für 2 Stunden köcheln lassen.

Anschließend abseihen, die Brühe in einem anderen Topf auffangen, bei starker Hitze auf die Hälfte reduzieren und mit Salz und Pfeffer würzen. Das fertig gegarte Hühnerfleisch in mundgerechte Stücke zupfen. Die Champignons in Scheiben schneiden, den Thai-Spargel waschen, trocknen und die Enden kürzen. Beides mit den Erbsen bei geringer Hitze für ca. 10 Minuten in dem heißen Sud gar ziehen lassen. Währenddessen die Chilis waschen, entkernen und fein hacken und mit dem Hühnerfond zugeben. Abschmecken und mit in etwas kaltem Wasser angerührter Speisestärke sämig binden. Das Hühnerfleisch zugeben, den frischen Koriander waschen, trocken schütteln und fein hacken und zuletzt unterheben. Den Reis waschen und mit ausreichend Wasser und allen Gewürzen aufkochen. Bei mittlerer Hitze ca. 20 Minuten garen. Abseihen und ausdämpfen lassen.

 **Björns Tipp:**

Das Hühnerfrikassee kann nach Belieben mit etwas Sahne oder Kokosmilch verfeinert werden. Jasminreis ist ein Basmatireis, der leicht klebrig ist und gekocht einen angenehm milden Duft von frischen Blumen entfaltet. Beim Garen sollte der Reis immer mit etwa 2 Zentimetern Wasser bedeckt sein.

Lauch-Spargel-Risotto

2 Schalotten
1 Knoblauchzehe
2 EL Olivenöl
200 g Risottoreis (Carnaroli)
100 ml Weißwein
400 ml Gemüsefond
2 Stangen Frühlingszwiebeln
400 g grüner Spargel
1 EL Speiseöl
1 EL Butter
30 g Parmesan
Salz und frisch gemahlener schwarzer Pfeffer

Die Schalotten und den Knoblauch schälen und fein würfeln. In einem Topf Olivenöl erhitzen und die Zwiebeln und den Knoblauch darin glasig anschwitzen. Risottoreis zugeben, glasig dünsten und mit dem Weißwein ablöschen. Den Wein unter Rühren fast völlig verkochen lassen. Währenddessen in einem anderen Topf den Gemüsefond erhitzen. Ein Drittel des heißen Gemüsefonds angießen und unter Rühren fast völlig vom Reis aufnehmen lassen. Diesen Vorgang wiederholen, bis der Fond verbraucht ist. Dabei immer wieder rühren, damit der Reis nicht ansetzt. Die Frühlingszwiebeln waschen, in Ringe schneiden und unterheben.

In der Zwischenzeit den Spargel schälen und in 2–3 Zentimeter lange Stücke schneiden. In einer Pfanne mit 1 Esslöffel Öl anbraten, bis sie leicht gebräunt sind, und mit Salz und Pfeffer würzen. Die fertigen Spargelstücke vorsichtig unter den Risotto heben. Zum Schluss Butter und den frisch geriebenen Parmesan unterrühren und mit Salz und Pfeffer abschmecken.

 **Björns Tipp:**

Risottoreis gibt es in drei Standardsorten: Arborio, Vialone Nano und Carnaroli. Er ist ein Rundkornreis, der schön sämig kocht – genau das soll ein Risotto ja sein. Arborio ist der bekannteste unter ihnen. Er bindet gut und bleibt fest. Wer Risotto lieber etwas flüssiger mag, nimmt Vialone Nano. Letztendlich ist es Geschmackssache – einfach alle Sorten ausprobieren, denn Reis hält lange und selbst Risottoreis kostet nicht die Welt.

Steinpilz-Blaubeer-Risotto

15 g getrocknete Steinpilze
1 Schalotte
½ Knoblauchzehe
1 EL Olivenöl
1 EL Butter
200 g Risottoreis (Arborio)

50 ml Weißwein
500 ml Rinderfond (oder Rinderbrühe)
120 g frische Blaubeeren
50 g Parmesan
Salz und frisch gemahlener schwarzer Pfeffer

Steinpilze in 200 Millilitern heißem Wasser einweichen. Schalotte und Knoblauch abziehen und fein würfeln. Olivenöl und Butter in einem Topf erhitzen und die Schalotten- und Knoblauchwürfel darin bei leichter Hitze 5–8 Minuten glasig dünsten. Risottoreis unterrühren, mit Wein ablöschen und fast vollständig verkochen lassen. 1 Schöpfkelle Fond angießen, bei mittlerer Hitze unter Rühren einkochen lassen. Vorgang wiederholen, bis die Flüssigkeit aufgebraucht ist und die Reiskörner weich, aber noch nicht musig sind. Steinpilze fein hacken und mit dem Einweichwasser unterrühren. Mit Salz und Pfeffer abschmecken. Blaubeeren waschen und vorsichtig unterrühren, Parmesan reiben und ebenfalls unterheben. Nochmals abschmecken und heiß servieren.

 **Björns Tipp:**

Das perfekte Risotto mit Biss: Die Brühe zum Angießen sollte immer heiß und nicht kalt an die heißen Reiskörner gegossen werden. Sonst verklebt die Stärke und kann den Fond nicht abbinden. Den Reis vor dem Kochen nie waschen, er ist bereits sauber. Die Stärke, die an den Reiskörnern haftet, ist nötig, um dem Risotto eine schöne Bindung zu geben und ihn cremig zu machen.

Limettenrisotto

2 Schalotten
1 Knoblauchzehe
2 EL Olivenöl
200 g Risottoreis (Carnaroli)
20 ml Noilly Prat
80 ml Weißwein

400 ml Geflügelfond
Saft und Abrieb von 1 Bio-Limette
1 EL Butter
30 g Parmesan
Salz und frisch gemahlener schwarzer Pfeffer

Die Schalotten und den Knoblauch schälen und fein würfeln. In einem Topf Olivenöl erhitzen und die Zwiebeln und den Knoblauch darin glasig anschwitzen. Risottoreis zugeben, glasig dünsten und mit dem Noilly Prat und dem Weißwein ablöschen. Unter Rühren beides fast völlig verkochen lassen. Gleichzeitig in einem anderen Topf den Geflügelfond erhitzen. Ein Drittel des heißen Geflügelfonds angießen und unter Rühren fast völlig vom Reis aufnehmen lassen. Diesen Vorgang wiederholen, bis der Fond verbraucht ist. Dabei immer wieder rühren, damit der Reis nicht ansetzt. Limettensaft und -schale einrühren und mit Salz und Pfeffer würzen. Zum Schluss die Butter und den frisch geriebenen Parmesan unterrühren. Den fertigen Risotto nochmals mit Salz, Pfeffer und bei Bedarf mit Chili abschmecken.

 **Björns Tipp:**

Risotto gelingt auch im Ofen: Dazu den Ofen auf 180 °C vorheizen und den Risotto mit dem gesamten Fond aufgießen. Für ca. 15 Minuten auf der mittleren Schiene bei Ober-/Unterhitze ziehen lassen. Danach wie beschrieben weiter verfahren.

Spargel aus dem Ofen

1 kg weißer Spargel
1 Bio-Zitrone
250 g Butter
1 Prise Zucker
1 Prise Salz
50 g frischer Parmesan

Den Backofen auf 170 °C Ober-/Unterhitze vorheizen. Den Spargel gründlich schälen und die Enden abschneiden. Die Zitrone in feine Scheiben schneiden. Die Spargelstangen nebeneinander in eine große Auflaufform legen, mit Zucker und Salz bestreuen und die Zitronenscheiben über dem Spargel verteilen.

Die Butter in einen kleinen Topf zerlassen und bräunen, sodass sie einen leicht nussigen Geschmack hat. Über den Spargel gießen, die Auflaufform mit Alufolie verschließen und im vorgeheizten Backofen etwa 30 Minuten garen. Den fertig gegarten Spargel auf Tellern anrichten und mit frisch gehobeltem Parmesan bestreuen.

🔥 Björns Tipp:

Nach Möglichkeit Spargelstangen verwenden, die die gleiche Stärke haben, da so alle Stangen gleichmäßig durchgaren. Den Parmesan unbedingt ganz zum Schluss frisch darüberreiben, er verleiht dem Spargel eine herrlich frische, würzige Geschmacksnote. Wer mag, kann das Gericht zum Schluss noch mit ein wenig frisch gemahlenem schwarzen Pfeffer würzen. Die Schälreste vom Spargel nicht wegwerfen. Aus ihnen kann man noch einen prima Spargelfond kochen, der dann zu einer leckeren Spargelsuppe weiterverarbeitet werden kann. Zu diesem Spargelrezept passen gut Kartoffeln mit Parmaschinken. Aber auch Morcheln, frischer Blattsalat mit gerösteten Pinienenkernen, Lachs, Scampi, Blinis und ungesüßte Pfannkuchen sind eine gute Kombination dazu.

0.11 Uhr

Einsatz RTW. HiLoPes in U-Bahn. Zwei völlig betrunkene junge Leute werden mit Muskelkraft und Hilfe der Pols aus der U-Bahn gezogen und kommen ins nächste Krankenhaus in die Ausnüchterungszelle.

0.12 Uhr

Einsatz RTW. Pfefferspray auf Polizeistation Der Mann ist emotional gestört, leider auch eine Gefährdung für seine Umwelt. Heute Abend wurde er nach aggressivem Verhalten erst von den Nachbarn und dann von den herbeigerufenen Pols mit Pfefferspray bedacht. Er ist verschreckt, aggressiv, versteht nicht, worum es gerade geht, hat Augen wie ein Kaninchen und muss sofort in das nächste Krankenhaus, damit die Augen gespült werden. Die junge Rettungsassistentin lehnt den Beistand der Polizei auf dem RTW ab. Als gelernte Soldatin kann sie im Notfall effektiver zuschlagen, als angehende Feuerwehrfrau weiß sie, wie wichtig Deeskalation ist. Tatsächlich beruhigt sich der Mann in ihrer Obhut verhaltnismaßig schnell, auch wenn ihn das erste Krankenhaus nicht behandeln kann und das zweite ihn nur auf Druck des RTWs behandeln wird.

0.40 Uhr

Einsatz RTW. Eine Diskothek, in der sich Schwarzafrikaner und runde deutsche Damen treffen und lieb haben. Manchmal gibt's Schläge. Nicht von den Schwarzafrikanern. In diesem Fall möchte die verunfallte Person eine weitere runde Person auf den RTW mitnehmen. Ihr Knöchel ist geschwollen. Sie ist jedoch so dick, dass der Rettungsassistent die Schwellung nicht von Fett unterscheiden kann, vorsichtshalber den ganzen Fuß kühlt und betet, dass die Dame nicht mehr wiegt als 150 Kilogramm. Mehr hält die Trage nicht aus. Die Begleitung stellt sich als Mutter der jungen Frau heraus. Über diese Verwicklungen möchte das RTW-Team genauso wenig nachdenken wie über einen potenziellen Wagenbruch. Fazit: Ein Einsatz, bei dem sich das Mitleid in Grenzen hält, zumal die Mutter fordert, der RTW solle sie nach Hause fahren. Genauer gesagt, auf Steuerkosten nach Schleswig-Holstein kutschieren. Das wird natürlich abgelehnt.

1.20 Uhr

Einsatz RTW. Altersheim. Der Mann ist knapp 60, schwerer Alkoholiker, wird künstlich ernährt. Er hat Flüssigkeit erbrochen. Er muss mal sehr attraktiv gewesen sein. Sein Zimmernachbar ist steinalt, sieht aber nicht viel älter aus als der Alkoholiker. Er schaut dem Spektakel zu, als würde es im Fernsehen stattfinden. Zwei Pflegerinnen kümmern sich um ein ganzes Stockwerk. Sie sind erschöpft und schimpfen auf den Zustand in den Altenheimen. Diese Kritik kennen die Rettungsassistenten und teilen sie.

2.50 Uhr

Einsatz RTW. HiLoPe mit KoPlaWu – der Klassiker. Hinter Letzterem versteckt sich die Abkürzung für eine Kopfplatzwunde. Die Blutung wird gestillt, gegen den Wunsch des Mannes, der die Rettungsassistenten anpöbelt und seine Freundin verflucht, die ihn aus der Wohnung geworfen hat.

3.02 Uhr

Einsatz RTW. Wehen haben eingesetzt, Taxen sind nicht zu bekommen. Jeder freut sich, dass diese nette junge Familie Zuwachs bekommt. Im Revier gibt es genug Familien, in denen ein Neuankömmling schon verloren hat, bevor er auf der Welt ist. Alkohol, Verwahrlosung, Perspektivlosigkeit – hier alles nicht der Fall.

3.30 Uhr

Einsatz RTW. Ein Streit zwischen zwei Männern ist eskaliert. Sie wollten sich auf dem

Bahnsteig verprügeln; das sah die Bahnpolizei nicht gerne und holte Verstärkung durch die Pols. Eine Polizistin wollte mit den Schlägern reden und wurde bewusstlos geschlagen. Weitere Pols kommen zur Verstärkung. Der Schäferhund der Bahnpolizisten hat sich am Ellenbogen eines Schlägers verbissen. Der Schläger ist so zugedröhnt, dass er den Schmerz nicht merkt. Die Rettungsassistenten rufen zwei weitere RTWs, um alle Beteiligten in die Notaufnahme fahren zu können.

3.32 Uhr

RTW-Einsatz. Junger Mann am Hoden verletzt. Der junge Mann steht vor der Haustür und gibt an, einen halben Liter Blut verloren zu haben, deshalb kein Taxi schmutzig machen zu wollen und aus diesem Grund den RTW gerufen zu haben. Diese Erklärungen kommen nicht gut an; ein RTW ist kein Beförderungsmittel, wenn es auch ein Taxi tut. Ein halber Liter Blut gereicht optisch jedem Splatter-Film zur Ehre; der junge Mann ist nur etwas blässlich und kann sogar noch problemlos sitzen. Erst als er die Notärztin sieht, wird ihm richtig unwohl. Als der Vorschlag kommt, er möge sich doch von ihr seine Ausstattung genauer untersuchen lassen, ist er kurz vor der Ohnmacht.

4.18 Uhr

Einsatz RTW. HiLoPe in U-Bahn-Station. Die Person ist ansprechbar, offensichtlich geistig etwas verwirrt. Sie möchte sich vom RTW nach Hause fahren lassen. Da sie außer viel Alkohol im Blut keine Erkrankung hat, wird das Ansinnen abgelehnt und der Mann in Richtung Busstation gesteuert.

4.30 Uhr

Einsatz Vollzug. Übergewichtige Frau meldet Schweinegrippe. Höchste Ansteckungsgefahr ist hier gekoppelt an einen Einsatz, bei dem ein Löschzug als potenzielle Tragehilfe, eine Drehleiter zum Transport und ein B-Dienst vor Ort sein müssen: Bald 15 Feuerwehrleute müssen allein aus dieser Wache ausrücken. Dazu kommen Höhenretter, die die Frau mit der Drehleiter aus der Wohnung heben und ein Großraumrettungswagen, der Übergewichtige fahren kann.

5.30 Uhr

Einsatz RTW. Mann klagt über Bauchschmerzen. In der Wohnung stehen viele Hanfpflanzen. Die Freundin des Mannes nimmt wenig Anteil. Er bejaht die Frage, ob er regelmäßig Alkohol trinke. Er kommt in die nächste Notaufnahme. Ein Entzug wird ihm nahegelegt. Jaja, nickt er, gähnt und hält sich den Bauch.

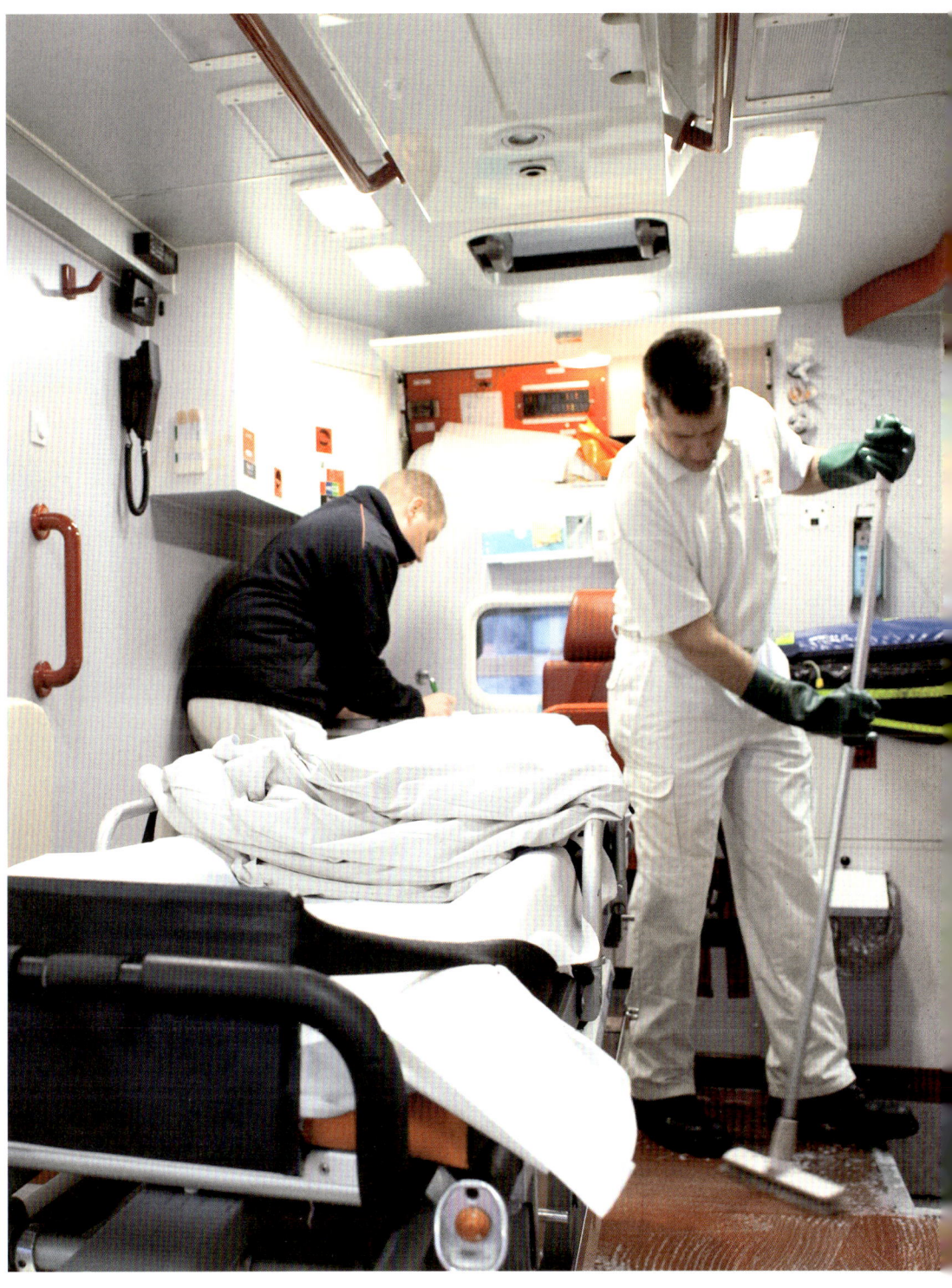

Burn-out-Syndrom:
Wer zu viel helfen möchte
Echte Männer werden nicht krank. Dieses Selbstverständnis ist in der Feuerwehrwelt, die mit einem guten Schuss Macho-Tonic abgeschmeckt ist, durchaus gängig.

Krankheiten jeglicher Art werden schnell mit einer Schwäche genereller Art assoziiert. Unter einer Schwäche, so verläuft die Argumentationsschiene, leidet nicht nur der Betroffene, sondern indirekt die gesamte Wachabteilung. Wenn die Seele krank wird, verstärkt sich diese Vorstellung häufig noch. Genau dieses Selbstverständnis beunruhigt jedoch Psychologen und Therapeuten. Sie wissen um die hohe Gefahr einer Sekundärtraumatisierung. Die könnte eintreten, wenn beispielsweise Feuerwehrleute auch mal hilflos zusehen müssen und sie nichts tun können. Feuerwehrleute wollen helfen. Für die meisten von ihnen ist das der Grund, warum sie diesen Job annehmen. Aber nicht jeder Einsatz verläuft erfolgreich.

Eigentlich lassen sich die Feuerwehrpfosten, die den Zugang zu Häusern sichern, problemlos mit dem B-Schlüssel öffnen, den jedes Fahrzeug mit sich führt. Eigentlich. Manchmal sind die Sicherheitsschlösser verrostet, manchmal wurden Schlösser ausgetauscht. Der Zugang zum Haus ist nun versperrt, und die Drehleiter, die den Angriffstrupp ins Feuer bringt und gleichzeitig die Menschen aus dem Brand evakuiert, kann nicht nahe genug ans brennende Haus fahren. Auf einem Balkon des Hauses stehen Menschen und schreien. Unten stehen die Feuerwehrleute, hören die Schreie und können nicht zu ihnen, weil das Treppenhaus bereits in Flammen steht und einsturzgefährdet ist. Ein Sprungtuch? Nein, die waren viel zu unsicher und sind längst aus dem Verkehr gezogen. Ein Sprungpolster würde auf dem unebenen Untergrund verrutschen. Die Flammen lecken bereits am Fenster. Da springen die Menschen, Kinder zuerst. Als sie auf dem Boden aufschlagen, gibt das ein dumpfes und durchdringendes Geräusch.

Eine Steißgeburt im Krankenhaus sollte kein Problem sein. Wartet eine Mutter jedoch zu lange und die Steißgeburt findet nicht im Krankenhaus, sondern auf dem Weg dorthin im Rettungswagen statt, ist die Tragödie vorprogrammiert, denn die Wagen sind für solche Komplikationen nicht ausgerüstet. Mutter lebt, Baby tot.

Eine junge Mutter wird morgens leblos von ihrem Mann im Bett gefunden. Er geht zu den Kindern ins Kinderzimmer und erzählt ihnen irgendwas, während die Rettungssanitäter die Reanimation versuchen. Die klappt nicht: Gehirnblutung. Jetzt muss einer von ihnen ins Kinderzimmer und ihrem Mann, der gar nicht auf die Idee gekommen war, seine Frau könnte wirklich tot sein, die Wahrheit sagen. Der Rest des Trupps steht im Schlafzimmer vor der toten Mutter und befürchtet genau die Schreie, die gleich aus dem Kinderzimmer dringen werden.

Was nach einem schlechten Drehbuch zu einer Vorabendserie klingt, ist der Hamburger Wachabteilung passiert. Nicht jeder kann das wegstecken. Burn-out kann die Folge sein.

Ein Feuerwehrmann, der anfangs brennt für seinen Beruf, kann ausbrennen. Gerade Menschen, die viel von sich erwarten, sind burn-out-gefährdet. Schichtdienst und Schlafmangel, Faktoren, die zum Feuerwehralltag gehören, können diese Krankheit weiter vorantreiben.

„Burn-out – das ist eine Krankheit, die schleichend kommt", sagt Dr. Rotraud Kerner, Ärztin, Gestalt- und Traumatherapeutin, die auch Feuerwehrmänner mit Burn-out-Syndrom behandelt. „Die Arbeit, früher eine lohnende Herausforderung, wird immer mehr zur Strapaze. Man fühlt sich überfordert, je länger, je mehr. Im schlimmsten Fall tut man nur noch als ‚Maschine' seinen Dienst und hat längst innerlich gekündigt. Professionelle therapeutische Hilfe kann gangbare Wege aufzeigen", so die Therapeutin und betont, dass der Einzelne sich selbst besser schützen lernt. „Man muss lernen, zu hohe Ideale und Selbstanforderungen zu identifizieren und abzubauen."

Miterleben, wenn Welten zusammenfallen:

Die Notfallseelsorge der Feuerwehr

Normalerweise geht alles gut aus.

Dafür werden Feuerwehrleute und Rettungsassistenten ausgebildet.

Normalerweise halten Feuerwehrleute ihren Beruf für den besten der Welt. Aber natürlich hat dieser Beruf auch eine ganz harte Seite. Wenn Welten zusammenfallen, sind die Landesfeuerwehrpastorin Erneli Martens, ihr kleines Team und ein großes Netzwerk zur Stelle. Gemeinsam betreuen sie Hinterbliebene und Feuerwehrleute. Ihr Anspruch, für jeden da zu sein, der ihren seelsorgerischen Beistand wahrnehmen möchte, führt zu durchschnittlichen 200 Einsätzen pro Jahr, durchaus auch nachts. Erneli Martens, die ansteckend gut gelaunte Mutter von zwei Kindern, ist rund um die Uhr erreichbar. Damit diese Erreichbarkeit nicht an ihre eigene Substanz geht, hat sie ein probates Mittel: „Ich schlafe wahnsinnig gerne."

Ein probates Mittel für den Umgang mit Tod und Sterben hat Erneli Martens nicht. Jeder Einzelne reagiert anders. Überdies brauchen Hinterbliebene und Feuerwehrleute etwas ganz anderes. Wer gerade einen geliebten Menschen, eine emotionale Stütze, den sicheren Anker verloren hat, braucht Trost, Beistand und das Gefühl, dass dieses Ereignis einen Sinn macht, auch wenn es nicht fassbar ist.

Feuerwehrleute quälen sich mit anderen Gedanken. „Die Einsatzkräfte brauchen mich, wenn es undurchsichtig wird", sagt Erneli Martens und meint damit, wenn die emotionale Situation schwer auszuhalten oder die eigene Ohnmacht einem Ereignis gegenüber zu spüren ist. Meist hängen Einsätze dran, in denen ein Feuerwehrmann nicht das Beste erreichen konnte. Ein Gefühl des Versagens kann sich einstellen. Interessanterweise sind es eher die jüngeren Kollegen, die solche Erlebnisse mit ihr besprechen und diese ganz bewusst aus ihrem Privatleben heraushalten wollen.

Nicht minder interessant ist die Tatsache, dass die Notfallseelsorge ursprünglich auf Anregung der Freiwilligen Feuerwehren zustande kam. Gerade in ländlichen Gebieten ist es bei Einsätzen häufig der Fall, dass sich Feuerwehrleute und Opfer persönlich kennen. Das macht die Verarbeitung von Einsätzen enorm hart für alle Beteiligten. Der Notfallseelsorger, oft der Pfarrer oder Priester in der Gemeinde, kann als Mittler wirken.

Doch wie wird man Landesfeuerwehrpastorin? Erneli Martens wollte ursprünglich in den naturwissenschaftlichen Bereich, interessierte sich für Chemie und Physik. Später wollte sie Lehrerin werden. Irgendwann brach sich dann doch die Familientradition Bahn; sie kommt aus einer Pastorenfamilie. „Wenn ich nicht gläubig wäre, könnte ich diesen Beruf nicht machen."

Der Beistand, den sie leistet, kann ganz unterschiedlicher Art sein. Zuhören, trösten, manchmal auch einfach nur den Schmerz mit aushalten, den Schreien zuhören, was für viele Feuerwehrleute fast der schlimmste Teil ihrer Arbeit ist. Das ist kein einfacher Job, dennoch bedauert Erneli Martens es in gewisser Weise, dass immer weniger Menschen die Erfahrung machen, wie schön und zutiefst sinnvoll es ist, anderen zu helfen. Natürlich wäre sie nicht Pastorin, würde sie dieses nicht auch so ausdrücken: „Mitleid ist ein Kontakt zu Gott."

Religiös verklärt ist die gebürtige Dithmarscherin als handfeste Hanseatin jedoch in keinster Weise. Sie unterrichtet an der Feuerwehrakademie Hamburg, hat ein Buch über Krisenintervention geschrieben („Ans rettende Ufer", Verlag für Polizeiwissenschaft, 2003) und träumt von einem Netz von Ansprechpartnern nach belastenden Einsätzen, die in den Feuerwachen direkt eingesetzt werden. „Ein gutes Team schützt", weiß sie aus ihrer mittlerweile zehnjährigen Berufspraxis. Ebenso schützt die Erkenntnis, wie sie es formuliert, „dass man an der Grenze des Lebens arbeiten kann, aber nicht die Macht hat, diese Grenze selbst zu setzen."

Früher wurden die Hamburger Löschwagen noch von Pferden gezogen.
Die kamen hinterher in die Remise, wo sie von ihrem Zuggeschirr abgespannt wurden.
Heute ist „Abspann" ein Hamburger Feuerwehrsignal dafür,
dass keine weiteren Kollegen am Einsatzort gebraucht werden.

Was so starke Typen mit zarten Seelen wie Feuerwehrleute jedoch
immer brauchen, ist viel Liebe und viel Süßes.

Desserts sind die Königsdisziplin in der Küche. Jeder Feuerwehrmann hat seinen
persönlichen Liebling. Manche kriegen beim Genuss sofort Kindheitserinnerungen.
Außerdem kann man mit Desserts bei den Ladys punkten und Glückshormone einfahren.

ABSPANN Süß und sündig

Rezepte für 4 Personen

Pfirsich Melba aus dem Glas

**1 Dose Pfirsiche
(alternativ 500 g frische Pfirsiche)**
2 cl Pfirsichlikör
1 Blatt Gelatine
250 g tiefgekühlte Himbeeren
Saft von 1 Zitrone
100 g Zucker
2 cl Himbeergeist
500 g Quark
250 ml Sahne
Saft und Abrieb von 2 Bio-Zitronen

Die Pfirsiche in einem Sieb abtropfen lassen, den Saft dabei auffangen. Wenn frische Pfirsiche verwendet werden, waschen, trocknen und die Haut abziehen. Die Kerne entfernen und 400 Gramm des Fruchtfleischs fein würfeln. 100 Gramm des Fruchtfleisch sehr fein pürieren und durch ein Sieb streichen.

Die Gelatine in Wasser einweichen. In einem kleinen Topf Pfirsichsaft und Likör erhitzen, die ausgedrückte Gelatine hinzufügen und unter Rühren auflösen. Etwas abkühlen lassen. Währenddessen die Pfirsiche fein würfeln und unterheben. Auf vier Gläser verteilen.

Die aufgetauten Himbeeren pürieren und durch ein feines Sieb streichen, sodass die Kerne entfernt werden. Zitronensaft mit der Hälfte des Zuckers, dem Himbeergeist und dem Himbeerpüree mischen und abschmecken. Eine dünne Schicht auf die Pfirsichmasse im Glas laufen lassen und das restliche Püree beiseitestellen.

Den Quark mit der Sahne zu einer glatten Masse verrühren. Die Quarkmasse mit dem restlichen Zucker, Zitronenabrieb und Zitronensaft mischen und abschmecken. In die Gläser auf das Himbeerpüree verteilen. Den Rest des Pürees auf die Quarkmasse verteilen. Nach Belieben mit Puderzucker bestäuben und mit Minze ausdekorieren.

Björns Tipp:

Für eine alkoholfreie Variante, zum Beispiel wenn Kinder oder Feuerwehrleute im Dienst mitessen, den Pfirsichlikör sowie den Himbeergeist einfach weglassen.

Joghurteis

Espresso-Kahlúa-Eis

Mangoeis

2 reife Mangos
2 Stangen Zitronengras

350 g Zucker
200 ml Sahne

Die Mangos und das Zitronengras schälen und sehr klein schneiden. Zucker mit 175 Millilitern Wasser mischen und kochen, bis ein Sirup entsteht. Zitronengras mit der Mango in den Zuckersirup geben und nochmals aufkochen, vom Herd nehmen und vollständig auskühlen lassen. Die Masse passieren, die Sahne schlagen und vorsichtig unterheben. In eine Eismaschine geben und 30 Minuten gefrieren lassen.

Joghurteis

2 Vanilleschoten
500 ml Sahne
8 Eigelb

130 g Zucker
Abrieb von 3 Bio-Limetten
250 g Joghurt

Die Vanilleschoten aufschneiden und das Mark herauskratzen. Die Sahne mit den Schoten und dem Mark aufkochen. Währenddessen das Eigelb mit dem Zucker in einer Rührschüssel mit dem Schneebesen schaumig schlagen. Die Vanilleschoten entfernen und die heiße Sahnemischung in die Rührschüssel geben. Alles über dem Wasserbad unter ständigem Rühren binden. Der Boden der Schüssel sollte dabei nicht im heißen Wasser stehen. Vom Wasserbad nehmen und weitere 5 Minuten rühren, dann den Limettenabrieb unter die Mischung ziehen. Wenn die Masse ganz abgekühlt ist, den Joghurt unterheben und in einer Eismaschine etwa 30 Minuten frieren lassen.

 **Björns Tipp:**

Wenn Sie keine Eismaschine haben, die Masse einfach in einer Schüssel in das Gefrierfach stellen und dort alle 15 Minuten umrühren, bis es fertig gefroren und cremig ist.

 **Björns Tipp:**

Statt herkömmlichem Zucker sollten Sie auch einmal Ahornsirup oder Puderzucker verwenden. Diese lösen sich besser auf und man erhält eine homogenere Masse.

Espresso-Kahlúa-Eis

1 Vanilleschote
500 ml Sahne
2 grüne Kardamomkörner
4 Eigelb

3 EL Zucker
4 EL lösliches Espressopulver
3 EL Kahlúa (Kaffeelikör)

Die Vanilleschote aufschneiden und das Mark herauskratzen. Die Sahne mit der Schote, dem Mark und den Kardamomkörnern aufkochen. Währenddessen das Eigelb mit dem Zucker in einer Rührschüssel mit dem Schneebesen schaumig schlagen. Die Vanilleschote entfernen und die heiße Sahnemischung in die Rührschüssel geben. Alles über dem Wasserbad unter ständigem Rühren binden. Der Boden der Schüssel sollte dabei nicht im heißen Wasser stehen. Vom Wasserbad nehmen und weitere 5 Minuten rühren, dann das Espressopulver einrühren. Durch ein Sieb passieren und in einer Eismaschine etwa 30 Minuten frieren lassen. Den Likör unterrühren und weitere 15 Minuten frieren lassen.

 **Björns Tipp:**

Wird der Eismasse Alkohol zugesetzt, so sollte dies zum Ende des Gefriervorgangs geschehen. Beachtet werden muss dabei, dass sich hierdurch die Zubereitungszeit verlängert.

Eis von weißer Schokolade

1 Vanilleschote
500 ml Sahne
70 g Zucker
200 g weiße Schokolade

2 Eier
4 Eigelb
30 ml Grand Marnier oder Cointreau

Die Vanilleschote aufschneiden und das Mark herauskratzen. Die Sahne mit der Schote, dem Mark sowie dem Zucker aufkochen, anschließend durch ein Sieb passieren. Die weiße Schokolade über dem Wasserbad schmelzen lassen. Eier und Eigelb verrühren und die heiße Sahnemischung dazugeben. Dann die geschmolzene Schokolade und den Grand Marnier unterrühren und im Wasserbad unter ständigem Rühren binden. Abkühlen lassen und etwa 30 Minuten in einer Eismaschine gefrieren lassen.

 **Björns Tipp:**

Besonders cremig wird die Eismasse, wenn Sie Sahne mit über 30 % Fettgehalt, Crème fraîche und Crème double verwenden. Allerdings sollten Sie dann keine Kalorien zahlen.

Crêpes Suzette

100 g kalte Butter
zzgl. Butter zum Ausbacken

120 g Mehl

250 ml Milch

2 Eier

110 g Zucker

1 Prise Salz

Abrieb und Saft von
4 Bio-Orangen

Abrieb und Saft von
1 Bio-Zitrone

100 ml Sahne

40 ml Cointreau

4 EL Cointreau zum Flambieren

Eine Pfanne erhitzen, 10 Gramm der Butter darin zerlassen. Mehl, Milch, Eier, 2 Esslöffel des Zuckers, zerlassene Butter und 1 Prise Salz in der Küchenmaschine oder mit dem Handrührgerät für 4–5 Minuten verrühren und mindestens 30 Minuten bei Zimmertemperatur ruhen lassen. Inzwischen eine beschichtete Pfanne bei mittlerer Temperatur erhitzen, den restlichen Zucker einrieseln lassen und in 5–8 Minuten bei leichter Hitze unter Rühren karamellisieren. Orangen- und Zitronensaft mit dem mittlerweile festen Karamell verrühren, damit lösen und bei leichter Hitze in 3–6 Minuten auf ein Drittel der Menge reduzieren. Sahne, Orangen- und Zitronenabrieb sowie Cointreau zugeben und die Pfanne von der Herdplatte ziehen. Die übrige kalte Butter in Flöckchen unterrühren, die Sauce damit binden. Nicht mehr kochen lassen.

Den fertigen Crêpeteig durch ein Haarsieb passieren, um eventuelle Mehlklümpchen herauszusieben. Eine beschichtete Pfanne erhitzen und etwas Butter darin zerlassen. Eine Suppenkelle voll Teig in die Mitte der Pfanne gießen und in kreisenden Bewegungen über den ganzen Pfannenboden hauchdünn verteilen. Bei mittlerer Hitze 1 Minute backen, wenden, kurz ausbacken und auf einen Teller geben. Restlichen Teig ebenso verarbeiten. Eine Auflaufform mit der fertigen Orangensauce füllen. Die Crêpes einmal falten und in der Orangensauce wenden. Alle Crêpes sollten zum Schluss mit Sauce benetzt sein und in der Form liegen. 4 Esslöffel Cointreau in einer kleinen Pfanne erhitzen. Am Tisch den erwärmten Cointreau in der Pfanne anzünden und über die in der Form liegenden Crêpes verteilen. Danach einzeln auf die Teller portionieren.

Crème brûlée

6 Eigelb	150 ml Milch
60 g Zucker	100 ml Sahne
1 Vanilleschote	40 g brauner Zucker

Den Backofen auf 100 °C vorheizen. Das Eigelb mit dem Zucker in einer Rührschüssel hell aufschlagen. Die Vanilleschote aufschneiden und das Mark herauskratzen. Die Milch mit der Sahne, der Vanilleschote und dem Mark aufkochen. Die Vanilleschote entfernen und die heiße Sahnemischung in die Rührschüssel geben. Alles über dem Wasserbad unter ständigem Rühren binden. Der Boden der Schüssel sollte dabei nicht im heißen Wasser stehen. Vom Wasserbad nehmen und durch ein Sieb passieren. In kleine Schüsseln gießen und im vorgeheizten Backofen auf der zweiten Schiene von unten im Wasserbad für 1 Stunde stocken lassen. Danach für 1 weitere Stunde im Kühlschrank durchkühlen lassen. Kurz vor dem Servieren mit braunem Zucker bestreuen und mit dem Gourmetbrenner karamellisieren.

Björns Tipp:

Beim Gourmetbrenner lohnt es sich auf gute Qualität zu achten und ein paar Euro mehr zu investieren. Ein gutes Produkt sollte eine Kindersicherung haben, TÜV und GS geprüft sein, und die Befüllung sollte einfach durchzuführen sein. Optimalerweise sollte sich Dauerfeuer zuschalten lassen (wie beispielsweise beim Butangasbrenner von Lurch). Piezo-Zündungen sollten Sie vermeiden, sie sind sehr anfällig und versagen oft den Dienst.

Crème brûlée mit Grand Marnier

6 Eigelb	100 ml Sahne
60 g Zucker	60 ml Grand Marnier
1 Vanilleschote	40 g brauner Zucker
150 ml Milch	

Den Backofen auf 100 °C vorheizen. Das Eigelb mit dem Zucker in einer Rührschüssel hell aufschlagen. Die Vanilleschote aufschneiden und das Mark herauskratzen, die Milch mit der Sahne, der Vanilleschote und dem Mark aufkochen. Die Vanilleschote entfernen und die heiße Sahnemischung in die Rührschüssel geben. Alles über dem Wasserbad unter ständigem Rühren binden. Der Boden der Schüssel sollte dabei nicht im heißen Wasser stehen. Vom Wasserbad nehmen und durch ein Sieb passieren. Den Grand Marnier untermischen, in kleine Schüsseln gießen und im vorgeheizten Backofen auf der zweiten Schiene von unten im Wasserbad für 1 Stunde stocken lassen. Danach für 1 weitere Stunde im Kühlschrank durchkühlen lassen. Kurz vor dem Servieren mit braunem Zucker bestreuen und mit dem Gourmetbrenner karamellisieren.

Björns Tipp:

Grand Marnier wird aus Cognac und der Schale karibischer Bitterorangen hergestellt. Der rötlich-orangefarbene Cordon Rouge ist die bekannteste Sorte und in jedem gut sortierten Supermarkt erhältlich. Besonder gut eignet sich Grand Marnier zum Aromatisieren von Nachspeisen und zum Flambieren.

Crème brûlée von der Passionsfrucht

6 Eigelb

60 g Zucker

100 ml Milch

100 ml Sahne

**50 ml Passionsfruchtpüree
(alternativ 8 frische Passionsfrüchte)**

20 g brauner Zucker

Den Backofen auf 100 °C vorheizen. Das Eigelb mit dem Zucker in einer Rührschüssel hell aufschlagen. Die Milch mit der Sahne und dem Passionsfruchtpüree aufkochen und in die Rührschüssel geben. Wenn frische Passionsfrüchte verwendet werden, aufschneiden, das Fruchtfleisch auskratzen und durch ein Sieb passieren. Alles über dem Wasserbad unter ständigem Rühren binden. Der Boden der Schüssel sollte dabei nicht im heißen Wasser stehen. Vom Wasserbad nehmen und durch ein Sieb passieren. In kleine Schüsseln gießen und im vorgeheizten Backofen auf der zweiten Schiene von unten im Wasserbad für 1 Stunde stocken lassen. Danach für 1 weitere Stunde im Kühlschrank durchkühlen lassen. Kurz vor dem Servieren mit braunem Zucker bestreuen und mit dem Gourmetbrenner karamellisieren.

Björns Tipp:

Passionsfruchtpüree hat einen sehr aromatischen, süß-säuerlichen Geschmack und ist durch seinen hohen Anteil an Vitamin A und C sehr gesund. Man kann es mittlerweile in guter, frischer Qualität in größeren Supermärkten kaufen, es lässt sich aber alternativ auch ganz einfach selbst herstellen. Dazu die frischen Früchte teilen, auskratzen und anschließend durch ein Sieb streichen.

Schokoladensoufflé mit flüssigem Nugatkern

50 g Vollmilchschokolade

100 g Zartbitterschokolade

100 g Butter zzgl. Butter zum Einfetten

50 g Zucker zzgl. Zucker zum Ausstreuen

2 Eiweiß

4 Eigelb

30 g Mehl

20 g Nugat

Vollmilch- und Zartbitterschokolade mit der Butter in einem kleinen Topf bei mittlerer Hitze schmelzen. Währenddessen vier ofenfeste Souffléformen buttern und mit Zucker ausstreuen. Den Backofen auf 180 °C vorheizen.

Eiweiß zu Eischnee schlagen. Eigelb und Zucker in einer Küchenmaschine oder mit dem Handrührgerät schaumig schlagen und die geschmolzene Schoko-Butter-Masse unterrühren und das gesiebte Mehl sowie den Eischnee unterheben. Die Souffléformen zu drei Vierteln befüllen. Den Nugat in vier Stücke teilen und kleine Kugeln formen. Diese in die Mitte des Teigs drücken, sodass sie etwa mittig in der Masse stecken. Im vorgeheizten Ofen 12–14 Minuten backen. Die Oberfläche sollte leicht fest sein. Sofort stürzen und servieren.

Björns Tipp:

Die Herstellung von Soufflés gelingt nicht immer, aber wenn Sie ein paar einfache Regeln beachten, dann sollten Sie keine Probleme damit haben. Die wichtigste Regel lautet: Niemals zwischendurch den Backofen öffnen, denn durch den kalten Luftzug fällt die Masse in sich zusammen. Des Weiteren sollten Sie immer mit frischen Eiern bei Zimmertemperatur arbeiten. Rührschüssel und Schneebesen sollten sauber und frei von Fettspuren sein. Heben Sie erst eine kleine Menge Eischnee unter die Soufflemasse (1–2 Esslöffel) und geben Sie dann erst die restliche Masse dazu. Der Backofen sollte auf die angegebene Temperatur vorgeheizt werden. Zum Servieren das Soufflé mit einer warmen Serviette umgeben, so vermeiden Sie ein rasches Zusammenfallen.

Clafoutis

500 g Kirschen oder Schattenmorellen

125 g Mehl

2 Eier

20 g Zucker

300 ml Milch

1 Pck. Vanillezucker

Mark von 1 Vanilleschote

2 cl Obstbrand

Butter zum Einfetten

Puderzucker zum Bestäuben

Den Backofen auf 180 °C vorheizen. Eine Auflaufform leicht fetten und die Kirschen in der Form verteilen. Die übrigen Zutaten miteinander zu einem glatten Teig verrühren und über den Kirschen verteilen. Im vorgezizten Backofen bei Ober-/Unterhitze für 1–1½ Stunden backen. Mit Puderzucker bestäuben und servieren.

 **Björns Tipp:**

Für dieses Gericht eignen sich auch alle anderen Früchte. Je nach Frucht muss der Zuckergehalt gegebenenfalls angepasst werden. Der Obstbrand kann weggelassen werden, wenn Kinder oder Feuerwehrleute im Dienst von dem Gericht essen sollen. Clafoutis ist ein einfaches Gericht, das schnell gemacht ist, wenn Gäste mal ungeplant vor der Tür stehen. Ein paar Früchte kombiniert mit einem Biskuitteig und fertig ist ein leckeres Dessert.

Panna Cotta mit Schokolade und Chili

Crema Mexicana

Panna Cotta mit Schokolade und Chili

1 Vanilleschote	160 g Zartbitterkuvertüre
400 ml Sahne	100 g Mascarpone
30 g Zucker	¼ TL Chilipulver
3 ½ Blatt Gelatine	(z. B. Chili Mulato)

Die Vanilleschote aufschneiden und das Mark herauskratzen. Die Sahne mit dem Zucker, der Vanilleschote und dem Mark aufkochen und durch ein Sieb passieren. Die Gelatine einweichen, ausdrücken und in der heißen Sahne auflösen. Währenddessen Zartbitterkuvertüre im Wasserbad schmelzen, Mascarpone und Chilipulver unterrühren und alles unter die Sahnemischung ziehen. In vier Dessertschälchen füllen und für 20 Minuten erkalten lassen.

 **Björns Tipp:**

Chili Mulato ist ein Chilipulver mit einer milden Schärfe, einem reifen und rauchigen Aroma und einem an Schokolade erinnernden Geschmack. Deswegen eignet es sich auch besonders gut, um Speisen mit Schokolade zu verfeinern und das Schokoladenaroma zu verstärken. Es ist in gut sortierten Supermärkten erhältlich.

Crema Mexicana

2 Eiweiß	40 g Speisestärke
50 g Zucker	100 ml brauner Tequila
200 ml Ananassaft	50 ml Cointreau
100 ml Orangensaft	2 Eigelb
Saft von 2 Limetten	200 ml Sahne
Abrieb von 1 Bio-Limette	

Eiweiß mit dem Zucker steif schlagen und kalt stellen.

Ananas- und Orangensaft mischen, 4 Esslöffel Limettensaft und den Limettenabrieb zugeben. Die Stärke mit 4 Esslöffeln dieser Mischung anrühren und beiseitestellen.

Den restlichen Saft erhitzen, die Stärkemischung unterrühren und kurz aufkochen lassen. Tequila, Cointreau sowie das Eigelb unterrühren und die Masse in eine Metallschüssel füllen. Im Eiswasserbad kalt rühren. Danach den kühl gestellten Eischnee unterziehen. Die Sahne steif schlagen und ebenfalls unterheben. In Gläser portionieren und gute 2 Stunden kalt stellen.

 **Björns Tipp:**

Cointreau ist ein Likör, der aus bitteren und süßen Orangenschalen hergestellt wird. Er eignet sich gut zum Verfeinern von Eiscremes, anderen Desserts und Kuchen.

Nugatmousse mit Passionsfruchtcoulis

150 g Nugat

100 g Zartbitterkuvertüre

3 Eigelb

15 ml Rum

1 Prise Zimt

2 Blatt Gelatine

600 ml Sahne

50 g Zucker

20 g Vanillepuddingpulver

150 ml Passionsfruchtsaft

Grand Marnier nach Geschmack

Nugat und Zartbitterkuvertüre im Wasserbad schmelzen. In einer zweiten Schüssel das Eigelb ebenfalls über dem Wasserbad aufschlagen, bis sich das Volumen mindestens verdoppelt hat und die Masse leicht schaumig ist. Die flüssige Nugat-Kuvertüren-Mischung unterrühren und den Rum mit dem Zimt zugeben.

Die Gelatine für 3 Minuten einweichen, anschließend ausdrücken und klümpchenfrei mit der Nugatmasse verrühren. Die Sahne in einer weiteren Schüssel halb steif schlagen, zu einem Drittel unterheben, dann erst den Rest der Sahne vorsichtig unterheben. Die Mousse für 3 Stunden kalt stellen. Wenn gewünscht, kann sie auf Schälchen verteilt und schon portioniert gekühlt werden.

Für den Coulis 50 Milliliter Wasser mit dem Zucker aufkochen. Das Puddingpulver mit 2 Esslöffeln Passionsfruchtsaft glatt rühren. In die Masse einrühren, einmal aufkochen lassen und vom Herd ziehen. Grand Marnier nach Geschmack zugeben und im Eiswasser kalt stellen.

Aus der fertigen Nugatmasse Nocken abstechen und mit dem Coulis servieren.

Milchreis

300 ml Milch

300 ml Sahne

1 Vanilleschote

1 Prise Salz

40 g Zucker

Schale von 1 Bio-Zitrone

120 g Milchreis

Milch, Sahne, Vanillemark, Salz, Zucker und den Zitronenschale aufkochen. Den Milchreis einstreuen und mit geschlossenem Deckel bei kleinster Hitze ca. 40 Minuten quellen lassen. Vom Herd nehmen, Zitronenschalen entfernen und den Reis abkühlen lassen.

Orangen-Aprikosen-Chili-Kompott

200 g frische Aprikosen

100 g frische Orangen

1 Vanilleschote

25 g Zucker

2 cl Kirschwasser oder Aprikosenbrand

Chilipulver nach Geschmack

Die Aprikosen in einem Topf mit heißem Wasser kurz ziehen lassen. Danach abschrecken, die Haut und den Kern entfernen. Die Orangen schälen und filetieren, Aprikosen klein würfeln und mit den Orangenfilets in einen Topf geben. Die Vanilleschote aufschneiden und zusammen mit dem Zucker und dem Kirschwasser in den Topf geben. Aufkochen, die Hitze reduzieren und bei geschlossenem Deckel 10 Minuten köcheln lassen. Vanilleschote entfernen, das fertige Kompott mit Chilipulver abschmecken und nach Bedarf mit etwas Zucker nachsüßen. Zu Milchreis servieren.

 **Björns Tipp:**

Zum weiteren Verfeinern und um den Milchreis noch cremiger zu machen, können 500 Milliliter steif geschlagene Sahne untergehoben werden.